松尾匡

商人道ノスヽメ

藤原書店

商人道ノスヽメ　目次

第1部　社会関係の二大原理とそれぞれの倫理

第2部　江戸時代の商人道

第3部 「大義名分―逸脱手段」のシステムの落とし穴

第4部　生きている商人道の精神

商人道ノスヽメ

はじめに

世の乱れは「戦後」のせいか?

最近世の中が乱れているとよく言われる。子供が子供を殺し、猟奇的な殺人事件や監禁事件などが続発し、反社会的な新興宗教が世を騒がせる。「戦後教育のせいだ。」「戦前にあった公共心、武士道を忘れたせいだ。」そんな声があちこちで聞かれる。

しかし、戦前の昭和初期の世相がどんなものだったか御存じだろうか。筆者の主観で特に目立った異常事件をざっと拾い上げてみただけでも、こんなものがある。(1)

昭和五年――「**板橋もらい子殺し事件**」発覚。東京郊外で村ぐるみで、養育費目当てにもらい子を次々受け入れては、嬰児はみな殺し、少年は乞食に使役していた。

昭和七年――「**首なし娘事件**」、殺した情婦の頭皮を被り、眼球や乳房を身に付けて首吊り自殺。

局部は食したと言われる。「**天国に結ぶ恋事件**」、若い心中カップルの女性の死体を深夜掘り出して運びイタズラする。「**玉の井バラバラ事件**」、一家ぐるみの犯行による、「バラバラ殺人」と名付けられた最初の事件。

昭和八年――「**神戸ミイラ首事件**」、男色のもつれで殺した相手の首を、持ち歩いていたことが発覚。複雑に絡み合った広範な同性愛関係のネットワークの存在が明らかになった。

昭和一一年――「**阿部定事件**」、絞殺した情夫の局部を切り取って逃走。

昭和一二年――「**死のう団事件**」、集団で「死のう、死のう」と叫んで練り歩く新興宗教団体のメンバーが、宮城前や内務省などで集団で割腹自殺。

昭和一三年――「**津山三〇人殺し事件**」、病弱な青年がわずか二時間のうちに村びと三〇人を殺害して自殺。小説『八つ墓村』に出てくる事件のモデルになった。

当時都市を闊歩した「モガ」と呼ばれる若い女性は多重性交渉を謳歌していたわけだし、政治家も財閥も私利私欲を追ってばかりいた。管賀江留郎著『戦前の少年犯罪』（築地書店、二〇〇七）は、戦前の少年犯罪の数と異常さを、新聞記事をはじめとする膨大なデータから発掘した名著である。本書の一八五ページには、管賀に基づく、この時期の少年犯罪事件のリストのごく一部をあげておいたが、過激さも異常さも、今どきの子供達をはるかにしのぐ事件が続々あふれて目がくらむ。

そういえば、昭和九年生まれの筆者の父は、自分が子供の頃「学級崩壊」があったと言っていた。戦前もこんなものだったのである。今日の世相の退廃をさして、「戦後教育のせい」だとか「戦前はもっと公共心があった」とかいうのは幻想にすぎない。

戦後も、近年になるほど治安が悪化してきているような歴史的傾向はない。毎年の殺人認知件数の動きを見てみると、基本的に戦後一貫して減少傾向にあり、二〇〇七年には史上最少を記録している。筆者が計測したところでは、他の事情が変わらなければ、年に四〇件くらいずつ減少している計算になる。他の要因として失業率が有意に効いていて、失業率が一％上がると、殺人認知件数が年に百何十件か増えるため、長期不況の九〇年代以降は殺人件数は下げ止まってしまったのだが、一般に思われているような増加傾向はない[2]。また、少年の凶悪犯罪のピークが一九六〇年で、それ以降歴史的に激減してきていることは、あちこちで指摘されているとおりである[3]。近年やや増加したのは「強盗」の定義を広げたためであり、それ以外の増加分はやはり不況のせいだと考えられる。いずれにせよ一九六〇年頃とは比べ物にならないくらい少ない。

しかし「公共道徳の衰退」などの保守派の嘆きは、多くの人々の共感を得ているのではないか。昭和初期にも同じような世相があったのならば、当時と現在で何か共通する要因があるのだろうか。

本書の主張はこうである。公共道徳の問題はたしかにあるかもしれない。ただし、「道徳の衰退」というより「道徳の**不適合**」とでも言うべき問題なのである。この底には、おそらく現生人類がこの地球に現れた時からひきつぐ、人間関係の**根本的な二大原理**の間の矛盾と相克が横たわっている。すべての個人の身の内にも、すべての時代の、すべての民族の社会の中にも、あるときには一方が、別のときには他方が優勢になって、相対立しながら並存する、この二大原理が貫いているのである。

二大原理の比重を尋ねる質問

さて、ここで唐突であるが、質問を二つだそう。読者はどのように答えるだろうか。まず一問目。

質問一　あなたが経営者だとします。不祥事が起こり、幅広い顧客の信頼を取り戻すためには忠実な身内を切り捨てなければならない状況におかれたとします。このとき、どちらの行動が道徳的だと思いますか。

a　幅広い顧客の信頼を優先することが道徳的である。

b　あくまで忠実な身内をかばうことが道徳的である。

注意していただきたいのは、この質問は、この立場に置かれた時にどういう行動を実際にとるかという質問ではないということである。状況に強いられたり、情において忍びなかったりして、よくないとは思いながら、どちらかの行動をとってしまうということはあるだろう。しかしここで尋ねているのはそれではない。実際にできるかできないかにかかわらず、どの行動が「道徳的」と思うかという質問である。

さてこれに答えていただいたならば、次の質問である。

質問二　次の二つのうちどちらを選びますか。

a　あなたは五〇〇円もらえ、見知らぬ誰かが一〇万円もうかる。

b　あなたは三〇〇円もらえ、他人が一円ももうからない。

この質問は、合理的に考えればどちらを選ぶかは明らかである。bよりもaの方が二〇〇円もうかるのだから、aの方がいいに決まっている。しかしそこをあえて二〇〇円損してもいいから、自分の選択で他人が一〇万円もうかるのを、阻止するかどうかである。

実は、伝統的に日本人は欧米人と比べて、質問一でも質問二でもbを選ぶ傾向にあると言われてきた。欧米人はそれに対して、質問一でも質問二でもaを選ぶ傾向があるとされている。はたして読者はどうだっただろうか。

質問2＼質問1	a	b	計（質問2回答）
a	27.8%	28.3%	56.1%
b	26.5%	17.4%	43.9%
計（質問1回答）	54.3%	45.7%	100%

ちなみに筆者の前の勤務校である久留米大学経済学部で、新入生にアンケートして得られた回答（二三〇票）では上表のようになった。

注目すべきことは、質問一の回答と質問二の回答との間にほとんど何の相関も見られないということである。

先に人間関係の二大根本原理ということを言ったが、これは、倫理・道徳観のみならず、損得判断やリスク判断、人間観等々、ありとあらゆることを巻き込んでセットにした総合的な大体系が二つあるという意味である。それぞれが、様々なことがセットで成り立っているので、その一部分だけを別のものと取り替えることはできない。今の質問も、二つの質問の答えのaどうし、bどうしがセットになってこそ整合的なのである。

それが今の若者の中ではセットで成り立たなくなっている。これが今日の混迷を象徴していることだと思う。すなわち、人間関係を律する二つの根本原理のうち、今まで主流であった片方が行き詰まって崩れているのに、もう片方への移行が進んでいない、そこにいろいろな社会問題の根本原因があると思われるのである。

この二つの質問については、それぞれ後でもう一度とりあげて詳しく検討するので、読者は記憶にとどめておいていただければありがたい。

身内集団原理と開放個人主義原理

さて、多くの論者が指摘するように、戦後日本の経済社会を成り立たせていた様々の特徴的なシステムが、現在いずれも行き詰まり、ドラスティックに変わってきた。

終身雇用制度や年功序列制に代表される、いわゆる「日本型雇用慣行」は、中高年のリストラと成果主義の導入でもろくも崩れている。その上、もともと日本型雇用慣行が適用されていなかった非正社員がどんどん増加して、すでに全雇用者の三分の一を突破するに至っている。企業どうしの株の相互持ち合いで成り立っていたいわゆる企業系列も、株の放出による持ち合い解消によって崩れ、今や系列無関係の合併・買収の嵐である。政・財・官がつるんで既存の業界を保護していた規制も、次々と撤廃・緩和されて、参入自由の激しい競争にとって替わられている。政治家が土建公共事業を地元にひっぱってくることで地域共同体から支持される構造も、先進国最悪水準に膨れ上がった政府の借金の山の前に行き詰まっている。専ら血縁共同体の役目だとして押し付けられてきた高齢者の家族介護も、ばく進する高齢化の中でとても維持できなくなり、契約原理で介護を外注する介護保険制度が始まった。グローバル化で貿易と、企業の海外進出とが拡大し、国内経済の完結性など崩れ去っていることは、国家共同体というものの自明性を動揺させている。

これら従来の日本社会を特徴づけていたシステムには、すべてに共通する本質がある。特定の相手との関係を長期にわたり固定して、なるべくその中を頼りにしてものごとをすませるということである。一言で言えば「**身内集団原理**」である。

日本型雇用慣行は長期雇用によって、「会社」を正社員にとっての身内集団にしていた。株式持ち合いは企業系列を身内集団にまとめていた。政・財・官の関係者が規制と癒着でつるみあった既存業界もまた、身内集団をなしていた。公共事業予算のために地域エゴを発揮する地域共同体も身内集団だし、介護を押し付けられていた家族という共同体も身内集団である。そして何より国家自体がひとつの大きな身内集団として、公然、隠然の規制でもって外部からのヒト、モノ、カネの侵入を阻んで内部を保護してきたのである。

それが現在ことごとく崩れているのだ。替わってとられているのは何か。ここにも共通点があることが見て取れるだろう。一言で言えば「わりきった取引」になっているということである。雇用関係にしてもそうだ。いつでもクビにするし、いつでも辞めてやる。成果を上げれば労働力の値が上がるし、そうでなければ値が下がる。わりきった契約関係に変わっているではないか。企業も資本価値がついて売買され、自社に有利なら系列無視して地球の果ての取引先にも切り替えるわりきった存在になった。有権者は移り気になる。介護も業者とのわりきったビジネス契約でなされる。グローバル化で、企業は平気で祖国の生産拠点をたたんで、ちょっとでも安く生産できる国を探して出ていくようになった。まさに、わりきっているのである。

これを一言で「市場原理」と言ってもいいだろう。実際、現代において圧倒的に進行しているのは、この「市場原理」の力わざである。しかし筆者は本書では、必ずしも市場とは言えない人間関係も含めて、もう少し広い言い方をして、「**開放個人主義原理**」と呼ぶことにする。

この「身内集団原理」と「開放個人主義原理」こそが、筆者が、人類誕生以来のすべての個人と社会を貫く二大原理と考えているところのものである。両原理は、誰の頭中にも、どんな社会にも常に両方あるのだが、ある時代、ある場所では、身内集団原理が優勢になり、別の時代、別の場所では開放個人主義原理が優勢になるのである。

身内集団原理から開放個人主義原理への転換とそのスピードギャップ

現在は、全地球的に、身内集団原理から開放個人主義原理へと力点が大きく移動した時代である。ソ連・東欧の共産党支配体制の崩壊こそがその最たるケースであるが、それだけではない。米英の民営化・規制緩和も、EUの統合も、中国の市場経済化も、一九八〇年代半ば以降、地球上のありとあらゆる出来事が、大きな目で見てこのベクトルにそって動いたのである。この背景には言うまでもなく、八〇年代にME化と呼ばれ、九〇年代以降IT革命などと称されるテクノロジー上の大転換がある。そしてこのかん日本で起こった様々なシステム転換も、まさにこの一環にほかならない。[4]

しかし、経済とテクノロジーの発展はスピードが比較的速いが、人間の意識や価値観、政治制度、道徳などは、変化が遅いのでそのスピードについていけない。やがてどんどんとギャップがたまっていくことになる。だが、社会の様々な仕組みは都合よく機能するように互いに支えあってできているの[5]であって、経済なら経済だけひとつ取り出して別のものに取り替えることはできない。ギャップが広がるとやがて社会は機能不全に陥っていく。

これが世界と日本の社会が現在混迷を深めている原因だろう。ここにおいて、人間の意識や価値観、道徳などは変えることができないものと見定めて、そちらに向けて、経済やテクノロジーの方を、ギャップを埋めるべく引き戻すという志向もでてこよう。これが、今世界と日本を覆っている原理主義やナショナリズムの動きである。

しかし筆者はこの志向はとらない。ここまで進行してしまった経済やテクノロジーの発展を逆転させることは、もはや生活破壊をもたらすだけであり、人間はそんなやせ我慢には十年以上耐えることはできない。長い目で見て必ず失敗するだけである。

この転換は肯定すべきだ

現在進行している戦後身内集団システムの崩壊は、たしかに弱肉強食の市場資本主義をもたらした。何も悪いこともせず真面目に働いてきた人々が、続々と倒産、失業の憂き目にあい、まともな所得の得られるやりがいある就職口など年々狭まり、明日の仕事も保障されない低賃金のやりがいのない仕事ばかりが増えている。日本中で年々三万人が自殺に追いやられ、格差が拡大している。犯罪が増えるのも当然である。このようなことが許されてはならないことは言うまでもない。

しかし、だったらこれまでの身内集団システムが良かったのか。私達は集団に縛られて息を殺して生きてきた。集団の中で足を引っ張りあい、組織を握る小権力者がいばり、強い者には媚びて弱い者はいじめてきた。相互監視。男尊女卑。ヨソ者は排除し、内部の汚点は隠し、集団のためとあればどんな汚い手を使っても平気な人が多かった。

もうまっぴらではないか。こんな時代が終り、自分の良心にしたがって何ものにも縛られずに生きることのできる時代になったことは、素直に喜ぶべきことではないか。私達は、集団から自由になって、互いを敵として傷つけあうこともできるようになったかもしれないが、その同じ条件のおかげで、互いにわけへだてなく尊重し、助け合うこともできるようになったはずなのである。いったいそれはどうしたら可能なのか。社会システムの面でも、政治制度の面でも、そのために改めなければならないことは多いだろう。しかし、開放個人主義原理に相応した価値観、道徳こそが、そのために欠かすことのできない条件であることは間違いない。いったいそれは何なのだろうか。

武士道対商人道

今、「武士道ブーム」とでも言うような現象が起こっている。目先の利益を追ってだましあい傷つけあう、すさんだ世相に、みんないいかげんうんざりしているのだろう。「昔の日本の武士はこんなに公に尽くしていた。武士道に返れ」と言われれば、思わずそうだそうだと喝采したくなるのも無理はない。

しかし、実は武士道は目下の問題の解決にはならないのである。なぜならそれは典型的な身内集団原理の道徳にほかならないからである。経済社会システムの上で身内集団原理が崩れている一方で道徳観が変わらないからこそ、そのギャップから困難が起こっているのに、身内集団原理の道徳観を強化してしまったらかえって困難が倍加してしまう。

本書の提言は、経済社会システムが開放個人主義原理に基づくものに変わっている現実に合わせて、人間の価値観や道徳観もそれに合わせたものに変わらなければならないということである。これは、無から新しい価値観や道徳を作り出さなければならないことを意味しない。すべての時代、すべての社会の、すべての個人の中に、身内集団原理と開放個人主義原理の両方の側面が存在する。だから、私たちは自分の身の内に、開放個人主義原理が、たとえマイナーに抑えられていたとしても、厳然とこれまで存在してきたことに気づき、それを広げていくだけでいいのである。

かつての日本にあった道徳体系は武士道だけではない。武士道など江戸時代にはごく一部の支配層の道徳にすぎなかった。一般庶民はそれとは異質の道徳観の中で生きていたのである。その最も体系化されたものこそ、**商人道**である。それは、武士道とは異なり、開放個人主義原理の社会関係を律するためにぴったりの道徳体系だった。

商人道は明治以降、マイナーな領域に抑え込まれてしまったが、決してなくなったわけではなかった。そして戦後の社会の発展を無意識に裏で支えてきたのだと思う。私達はこのことを自覚し、その現代的再生を目指すべきではないか。これが本書のテーマである。

もちろん、このことは身内集団倫理がなくなってしまうべきことを主張しているのではない。社会経済システムとして、身内集団原理のシステムと開放個人主義原理のシステムは、どんな時代でも両方とも存在していて、誰もが両方ともに依存して生きているのだから、それぞれにふさわしい倫理観が両方ともなければならない。だいいち、肉親などの親密な私的関係がこの世からなくなるわけではないのだから、そうした関係の間での情愛に価値を置く道徳が尊重されることは当然のことである。ただ、身内集団原理の社会経済システムと開放個人主義原理の社会経済システムとの間のバランスの変化に合わせて、倫理観もまた、バランスの取り方を変化させなければならないのである。これまで、あまりに裏に押さえ込まれていた商人道を、もっとメジャーに表に出さなければならない時代がきたというのが、本書の主張になる。

それゆえ、職業その他の、自分が生きている環境のいかんによっては、これからも武士道型倫理をメジャーにしたほうがふさわしい個人も存在するだろう。本書を読むことで、本書の主張とは逆に、かえって、自分の倫理観が武士道的であることに確信を持つ読者が現れても、筆者としては別に不本意ではない。ただそのような読者も、社会経済システムとしての身内集団原理の破壊と、社会道徳としての武士道型国家主義の強調という小泉改革の政策パッケージが、社会破壊的な組み合わせであったという本書の主張には、同意していただけるものと期待している。

＊　＊　＊

本書のもとになった最初の原稿は、新書本出版用に二〇〇五年の夏期休講中に執筆したものである。しかしそれは採用には至らないことになり、しばらく放置されていた。筆者としては、なんとかこれを世に問いたいという強い気持ちがあったので、心の片隅で機会をうかがっていたのであるが、二〇〇七年、藤原書店が「第三回河上肇賞」の募集をしていることを知り、元の企画の出版社の人にことわりをいれた上で、応募することにした。それで、後半に大幅な削除と改訂をし、前半に補充を加えて提出するに至った。

そうしたところ、二〇〇八年一月に、「奨励賞」という身に余るご評価をいただくこととなった。代表の一海知義さん、藤原書店の藤原良雄社主はじめ、稲葉振一郎さん、紅野謙介さん、鶴見太郎さん、原田泰さん、若田部昌澄さんからなる選考委員の方々には、選考のお骨折りと、貴重なコメント、そして光栄なご評価をいただき、深く感謝している。

その後、刊行が危ぶまれるハプニングもあったりしたが、二〇〇八年夏にはゴーサインが出て、ようやく日の目を見る運びとなって喜びに耐えない。最終段階で、改訂作業の着手が遅れて滞ってしまったのは、全く筆者の個人的責任である。関係者の方々に深くお詫びする次第である。このかん、田中秀臣さんからいただいた激励には本当に感謝している。

山岸俊男さんは、本書では大いにご研究に依拠させていただいているのであるが、本書の最初の原稿を入手されて、二〇〇六年段階で、コメントとお誉めの言葉をいただいている。読者の中には、ジェイコブズや石田梅岩などを例に出して「武士道vs商人道」を論じる本書の展開が、山岸先生の近著『日本の「安心」はなぜ消えたのか』（集英社インターナショナル、二〇〇八年二月）の議論と似ていることに気づき、いぶかる向きもあるかもしれない。しかし、応募締め切りや奨励賞受賞のタイミングからも明らかなように、これは筆者が剽窃したわけではない。もともとこのテーマをめぐって互いに意見が交わされ、アイデアが共有されていたものとご理解いただきたい。

筑摩書房の石島裕之さんからは、貴重なコメントや文献の紹介をいただき、奨励賞受賞後も、関連する文献を提供いただいた。これらは原稿の執筆や改訂に大いに役立っている。

執筆開始から数えれば、丸四年近くをかけた難産の原稿だったが、おかげで多くの人々の助力を得て練り上げることができ、かえって良かったと思っている。最初の原稿のまま出版されていたら、世間の批判に耐えられるものではなかっただろう。それに、山岸先生から昨年「仮想制度研究所（VCASI）」に誘っていただいたおかげで、そこで知った情報が原稿の改訂のために大変役立った。

また、本書のテーマは、筆者の前任校である久留米大学経済学部で取り組まれていた、まちづくり関係の諸事業の中で練り上げられていったものでもある。この仕事をいっしょに担った久留米大学の伊佐淳さん、名古屋大学の西川芳昭さんとの十年にわたる経験と日頃からの議論がなければ本書は生まれなかった。またこの一環として実施されてきた公開講義の講師をお願いしてきた、立命館大学の角谷嘉則さん、下関市立大学の川野祐二さんからいただいた講義と意見交換、情報提供は、本書の記述に直接役立っている。

そのほか久留米大学では、児玉昌己さん、退職された徳増倶洪さんから、コメントや情報提供をいただいている。森茂樹さんからいただいたご共著も、本書の執筆に直接に役立った。

藤原良雄社主、担当の刈屋琢さんはじめ、藤原書店のみなさんには、審査過程から、授賞式、原稿改訂、出版に至るまで、いろいろと心遣いやはげましをいただき、大変お世話になった。

以上記して感謝する。そのほか多くの人の協力をいただいているものと思うが、お名前をあげなかった方にはひらにご容赦いただきたい。これらのご助言、ご協力を十分活かすに及ばなかった点が残っているならば、それはひとえに筆者の責任である。

ここで最後に、この本を、故郷石川県の両親に捧げることをお許しいただきたい。それは、最初の原稿を書きはじめた時からの心づもりであった。

両親は、互いに片親の生活の大変さの中から出発して、筆者達三人の兄弟を育ててくれた。父は少年時代に父親を亡くしたことで、敗戦後の食糧難時代に本当に腹ぺこの貧困を経験し、中卒で就職して弟妹を育てた。母の母親は教師だったのだが、死ぬ前に、病床にかつての教え子を並べ、軍国主義教育を詫びた。筆者は、腹中の筆者を北陸の風雪からかばいながら、貧乏のなくなる世を語らって二人で出勤する両親の様子を記した当時の父の文章を読んだことがある。

この列島に生きた他の多くの同世代の人々同様、両親もまた、戦争の惨禍と貧困に見舞われて、そんな戦争も貧困もない世の中をめざして必死に働き、私たちの世代にこの平和で豊かな日本を渡してくれたのである。

近年、目下の様々な困難の元凶を戦後社会に求め、戦後を否定する言説が何かと目につくようになった。それは、筆者には全く承服しがたい。筆者は、両親の世代が必死に築き上げた戦後に感謝し、これを継承することでその労に報いたいと思っている。再び戦争や貧困が当たり前に見られる国に戻して、彼らの人生をかけた苦労を水の泡に終わらせるわけにはいかない。これが本書を執筆した動機である。

本書では最後にこの思いを記しておいた。しかし、本書は飛ばし読みのできる本ではない。第一章で構成した基本原理を、順に展開していくことで、次の章につなげていくタイプの文章である。読者におかれては、是非第一章から最後まで順に通読していただきたいと思っている。その上で両親の世代に対する思いを最後に感じ取っていただけたならば、これに過ぎる喜びはない。

二〇〇八年二月

Part 1

社会関係の二大原理とそれぞれの倫理

ここでは、社会システムの基本原理が、リスクの処理のしかたによって、身内集団原理と開放個人主義原理の二種類に必然的に分かれること、そして、それぞれの原理にふさわしい倫理体系が異なることを論じる。

そして、これまでの日本社会は、身内集団原理が優勢な社会であり、そのために、メジャーな倫理観も、それにふさわしい「身内への忠実・身内の外の無視」というものであったことを示す。さらに、現在身内集団原理の経済社会システムが崩れているのに、人々の倫理観は依然として「身内への忠実・身内の外の無視」というものが強固に残っているために、そのギャップから、様々な社会問題が起こっていることを示す。

第一章　身内集団原理と開放個人主義原理
——その合理性

1　身内集団原理の倫理観と開放個人主義原理の倫理観

ジェイコブスの二つの倫理

ジェイン・ジェイコブズの『市場の倫理　統治の倫理』[1]という本がある。著者ジェイコブズは、古今東西、欧米のものはもちろん、古代エジプトや古代中国から江戸時代の日本まで、道徳話や教訓話を集めて検討し、その中に見られる徳目が、時代や民族にかかわらず、きれいに二系統に分かれることを見いだした。彼女はその一方を「市場の倫理」、他方を「統治の倫理」と名付け、次の**図表1—1**のように整理している。

図表1―1　ジェイコブズの「市場の倫理」と「統治の倫理」

市場の倫理	統治の倫理
中心価値：他人に対する「誠実」	中心価値：身内に対する「忠実」
暴力を締め出せ	取引を避けよ
自発的に合意せよ	勇敢であれ
正直たれ	規律遵守
他人や外国人とも気安く協力せよ	伝統堅持
競争せよ	位階尊重
契約尊重	忠実たれ
創意工夫の発揮	復讐せよ
新奇・発明を取り入れよ	目的のためには欺け
効率を高めよ	余暇を豊かに使え
快適と便利さの向上	見栄を張れ
目的のために異説を唱えよ	気前よく施せ
勤勉なれ	排他的であれ
節倹なれ	剛毅たれ
楽観せよ	運命甘受
	名誉を尊べ

「市場の倫理」は特に商人に必要とされる道徳で、見も知らぬ他人を広く相手にする人間関係を規律する。「**商人道**」というわけだ。中心に置かれた価値は、「**他人への誠実**」ということである。他方、「統治の倫理」は特に軍人などの統治者に必要とされる道徳とされていて、境界のある集団内部での人間関係を規律する。「**武士道**」はまさにこちらだろう。中心に置かれた価値は、「**身内への忠実**」である。本書の言い方では、「市場の倫理」の方は「開放個人主義原理の倫理」、「統治の倫理」の方は、「身内集団原理の倫理」ということになる。

ジェイコブズによれば、両者各々の系統の内部では徳目どうしが整合的に支えあっているが、両系統の間では徳目どうしが矛盾してしまう。そして両系統の徳目を適当にまぜあわせると最悪の腐敗が生じると言う。人間は自分の都合のいいところだけ、両者の間からつまみ取りしがちだからである。これは、中庸が解決とならないことを意味している。両系統の倫理を、共に両立できる限り最大限実現しても、どこかで、あちらを立てればこちらが立たずの板挟みになる場面が必ず出てくるのである。

先に冒頭で掲げた質問の一番目、幅広い顧客の信頼を取り戻すためには忠実な身内を切り捨てなければならない状況で、顧客の信頼を優先するか忠実な身内をかばうか、どちらが道徳的と思うかという質問は、この板挟みの典型的なケースなのである。この土壇場において、顧客の信頼を優先する方が道徳的と考えるのが開放個人主義原理の道徳であり、忠実な身内をかばうのが道徳的と考えるのが身内集団原理の道徳である。

これまでの日本の倫理は身内集団倫理

これまでの日本社会では身内集団原理の道徳が中心になっていたわけである。以前山一証券が倒産したとき、社長が「社員は悪くありません」と泣いてかばったが、リーダーというものはこういうことをするのが道徳的に正しいのだという発想があったのだろう。残念ながらすでに時代からズレていたために、いささか違和感をもって世間から受け止められてしまったのである。尼崎事故の列車に乗り合わせていたJR西日本の社員も、まず上司にお伺いを立て、言われた通り、遅刻しないようにがんばって出勤した。これも同じである。他人を救助することよりも、そうすることが道徳的だと思っていたわけである。さかのぼれば、かつて日商岩井がダグラス＝グラマン事件を起こしたとき、会社をかばって自殺した社員がいたが、次のような遺書を残している(2)。

「日商岩井の皆さん　男は堂々とあるべき。会社の生命は永遠です。その永遠のために私達は奉仕すべきです。私達の勤務は二〇年か三〇年でも会社の生命は永遠です。それを守るために男として堂々とあるべきです。今日の疑惑、会社のイメージダウン、本当に申し訳なく思います。責任取ります。」

自分の命さえ投げ出す究極の正義感でやっていたのだ。ここで謝罪しているのは会社の内部に対してである。「責任」というのも会社に対する責任でしかない。

両倫理観は相容れない——互いが偽善に見える

筆者は、人格的に高潔な人どうしの対立は、しばしばこの両倫理観が相容れないために起こっている場合があると思う。ただ単に相手のことがときどき正義に合わない者と映るためだけではない。それだけなら周囲の一般凡人誰でもそうである。相手のことがとてつもない偽善者に映るので、対立が抜き差しならなくなるのだ。例えば先の「質問一」の例のような、不祥事事件による究極の選択が迫られたケースを考えてみよう。

身内集団倫理に立つ人が「身内をかばうのが正義だ」と言ったならば、開放個人主義倫理に立つ人にはどのように聞こえるだろうか。ある程度人格ができた人ならば、道徳的でない行動を余儀なくされる他人の事情も理解する。誰でも身内はかわいいものだから切り捨てるのは忍びない。自分もそうなのだから他人がそうであっても寛大であろうと思う。しかしそれはあくまで私情である。そんな私情に「正義」の名をかぶせて開き直るならば、それは許しがたい偽善に見える。

逆に、開放個人主義倫理に立つ人が「顧客の信頼を優先するのが正義だ」と言ったならば、身内集団倫理に立つ人にはどのように聞こえるだろうか。ある程度人格ができた人ならば、道徳的でない行動を余儀なくされる他人の事情も理解する。客に見放されたら商売あがったりで食っていけない。それは理解できるから身内を切る行動を余儀なくされる人にも寛大であろうと思う。しかしそれはあくまで私益である。そんな私益に「正義」の名をかぶせて開き直るならば、それは許しがたい偽善に見えるわけである。

身内集団倫理ではボランティアは「偽善」――「利他」／「利己」観の差

ところで、「ボランティア」というものが、日本でなかなか受け入れられなかった理由もそこにあると思う。小沢亘の行った国際比較調査によれば、ボランティアというものについてのマイナスのイメージのうち、「自己犠牲」「強制的な」「おせっかいな」等といったイメージには日本とカナダであまり違いがない。どこの国でも他人のために煩わしいことはしたくない人は一定の割合で存在して当然である。ところが一つだけ、マイナスイメージのうち、日本三八・五％、カナダ四・九％という顕著な違いが出たものがある。(3) それが「偽善的」というイメージである。なぜこのような違いがでるのだろうか。

私見では、両倫理観の間では、「利己／利他」のイメージが違うのである。

開放個人主義原理に基づく市場社会では、「取引」というものに悪いイメージをもっていたらやっていけない。それに相応した倫理観の発想は、「**取引すればお互いトクをする**」というものである。相手の役に立ついいことをしてあげるのだから、その見返りにおカネをもらって自分もトクをする。だからこれは利己でもあり利他でもある。商行為というものは、それ自体が善行とみなされるのである。

その延長線上にボランティアはある。もともと商行為の中にあった善行の側面が膨らんだだけである。だからこれも広い意味での利己の限りでの利他である。他人のために役に立ついいことをして、見返りにおカネをもらう代わりに、例えば自己満足をいただくということなのである。それで当事者がみんなトクをするからいいのである。

ところが身内集団原理の倫理観では、「利他」と「利己」を振り分ける発想をする。

身内に対しては、一切見返りは求めずに、とことん奉仕するのが正義とされる。本当はそんなことはできないかもしれないが、何が望ましい理想かと言えば、身内への自己犠牲的な究極の利他こそが理想の正義とされる。身内へのサービスに利己心を交えることは、「水臭い」とされてよく思われないのである。利己的な振る舞いは、身内の外の他人に対してするべきものとされている。そしてこの場合には、相手もとことん利己的に振る舞うだろうから、こちらもとことん利己的に振る舞っていいとされる。むしろ、他人を食い物にすることで身内に役立つならば、それは正義だとされる。

「ボランティア」という言葉は「志願兵」が原義だから、もともとは自己犠牲的な奉仕だったかもしれない。しかし、現代のボランティアは違う。相手に対してとことんまでかかわることはできない。むしろどこまでかかわれるかを最初から明らかにして、その線を超えないことが必要でさえある。そうしてこそ、なるべく多くの人に対して善行の効果をあげることができる。

ところがこの態度こそが、身内集団倫理から見れば、中途半端な偽善と映るのである。見知らぬ他人におせっかいを焼く必要などなく、一旦善行をするなら相手を身内扱いして最後までかかわるべきだという発想なのである。

アメリカ人の方が日本人より正直さを重視

このことに関して、山岸俊男が日米で比較調査した興味深い結果がある。正直さ、公正さをどれだけ重視しているのかの度合いをアンケートで尋ねたものである[4]。このとき、五つの質問項目を用意したが、いずれについても、日本人よりもアメリカ人の方が、正直さ、公正さを重視するという、統計的に有意な結論が出た。

すなわち、「他人に対して公平であろうとして、自分にとって有利な機会をのがすようなことはしたくない」という質問項目では、日本人の方がそう思う度合いが大きい。「場合によっては嘘をつくことも正当化できる」という質問項目でも、日本人の方がそう思う度合いが大きい。「私はどんな状況でも不正直なことはしたくない」という質問項目では、アメリカ人の方がそう思う度合いが大きい。「私はどんな場合にもフェアプレイの精神を忘れないようにしている」との質問項目でも、アメリカ人の方がそう思う度合いが大きい。「社会的公平を追求しすぎると、社会の活力が失われてしまう」との質問項目では、日本人の方がそう思う度合いが大きい。

正直であること、わけへだてがないことは、ジェイコブズの分類でもわかる通り、開放個人主義社会の中心的な徳目である。日本よりも個人が比較的直接市場にさらされることが多かったアメリカでは、当然、これらの徳目が日本におけるよりも重視されるというわけである。そういえば、子供と一緒にアメリカ製の幼児向けアニメビデオをさんざん見て来たが、そこでは、主人公が嘘をつくとしっぺ返しがくるというのが、例外のないお約束のパターンである。たとえ悪意のない嘘でもそうなのである。

それに対して、これまで日本で主流だった身内集団原理の道徳では、わけへだてない公平さはかえって不正義とされる。他人と比べて身内を優遇することこそ道徳的とされてきたのである。

身内集団が崩れているのに倫理観が変わらないと……

これまでの日本社会では、先述した通り、「会社」という正社員共同体や系列企業集団、業界共同体や地域共同体、さらには国民経済というまとまりが強固にあった。このように経済社会システム自体が身内集団原理に基づいている以上は、身内集団倫理が道徳としてとられていたことは理にかなったことだった。

しかし現在、これらの社会経済的身内集団は急速に崩れている。にもかかわらず、従来通りの倫理観が続いていたらどうなるだろうか。

これまでは、「身内には忠実であれ」「しかし身内のためなら他人を食い物にすることはときには正当だ」という倫理観だったわけである。それがそのままで、身内集団が崩れて個々人がバラバラに投げ出されると、もはや奉仕すべき「身内」はほとんどなく、周りはみな食い物にしていい他人ばかりということになる。そうすると、世の中みんなが互いに食い物にしあう修羅場がくるだろう。

2　二大原理はなぜ現れた――リスクの「排除」か「管理」か

リスクへの対処と人間関係の原理

さてそれでは、開放個人主義原理と身内集団原理という二大原理は、どうして現れたのだろうか。どうしてこのような本質的な違いが生じたのだろうか。

山岸俊男の説(5)を筆者なりに敷衍すれば、それは、悪意ある相手と関係して食い物にされてしまうリスクをいかに処理するかということによる。人間は一人では生きていけない社会的動物だから、必ず他者と何らかの関係をもたなければならない。しかしその他者が必ずしも善意の相手とは限らない。悪いやつに当たるリスクがある。または、必ずしも悪気のある人ではないかもしれないけれど、技術の稚拙さなどで迷惑を被ってしまうかもしれない。これを回避して身を守るためにはどうすればいいのか。

ここで方法が二種類でてくるのである。

一つは、絶対に裏切れない人間関係を固定して、できるだけその中で社会を完結することである。一番典型的には、数家族でムラを形成し、みんな一生そのムラの中で過ごし、必要なものはあらかたそのムラの中で自給自足してしまうというケースである。

この場合、悪事をしたらムラのみんなに知れ渡るので、人格的には実は悪いやつでも、おいそれと悪事に手を染めることはできない。だから、この固定された人間関係の中にいる限り、食い物にされる心配をせずに安心していられる。自分が必要とする技能をまあまあ持っているのが誰かということも、よくわかっている。しかしそのかわり、リスクはすべて集団の外に押し出される。ムラの外はすきあらば君を食い物にしてやろうと狙っている魑魅魍魎の住む世界。賢い人はふらふら出かけたりしないぞ。行くならば覚悟をしてから行きなさい、ということになる。「**内は安心、外は危険**」という図式になるのである。

このような方式をとったのが身内集団原理の社会システムだったのである。従来の日本の経済社会システムもこれだったわけだ。

この方法をとったならば、身内集団の中にいる限りは、絶対の安心が保障されなければお話の大前提が成り立たない。それゆえこの場合、「身内を裏切ることは最大の悪」という倫理観が必要になる。

このやり方ならば、いちいち他者の信頼性を見極める努力をしなくていいのだから、情報コストがおおいに削減される。しかし、もっと別の人間関係、もっと別の場所ややり方に変えた方がいい場合にも、なかなか今までどおりの人間関係や場所ややり方を変えることができない欠点を持っている。だから環境の激変に対応できず、メンバーがまくらを並べて絶滅ということもあり得る。

しかし同じリスクを処理するにも、もう一つ別のやり方がある。それは、危険と思ったら被害がひどくならないうちに、速やかに相手や場所を変えること。あるいは今までの方法を改めることである。だからこの場合は、常にアンテナを張って相手の人格や技能についての情報をキャッチし、迷惑な相手かどうか見極めることが大切になる。

この方法をとったのが開放個人主義原理の社会システムになる。環境の変化が激しいケースや、情報コストを軽減できる客観的条件がある場合（ex.「IT革命」）には、身内集団原理よりもこのやり方の方がいい。環境の激変が起こっても、最悪でも絶滅は免れて、誰かが生き残るだろう。この場合、場所や相手の変更は悪事ではなくむしろ必要なことである。だから、一旦関係が続いた以上は裏切ってはいけないとする身内集団原理とは、そもそも出発点から相容れなくなる。

みんな互いの信頼性について見極めあっているのだから、他人にちょっとでも不信感を抱かれないようにいつも注意しなければならない。だから、この原理の社会においては、誰からも信頼されるように、他人にわけへだてなく誠実に振る舞う姿勢を示すことが、常に必要になるのである。

マグレブ商人とジェノバ商人

山岸は社会心理学者であるが、リスクへの対処法のいかんによって社会関係の二大原理がわかれるという彼の説明を読んで、筆者は経済学の分野での有名な研究を思い出した。スタンフォード大学のグライフという経済史家が、ある経済史上のエピソードを、ゲーム理論の数理モデル分析を使って説明しているのである。(6)

商人は遠隔地と貿易するために、現地で代理人を雇う。このとき、代理人が雇主を裏切ってネコババしてもうけようとする可能性がある。この危険をいかに防げばいいだろうか。もちろん、ネコババがばれたら代理人をクビにすればよい。だとしても、それが代理人にとってたいした実害でなければ、裏切りは防げない。

数理モデルから導かれる一つの方法は、商人みんなで結託して、誰かを裏切った代理人は、他のどの商人からも雇われないようにしてしまうことである。こうなると、ネコババして一旦クビになったらもうこの仕事では食っていけなくなるので、真面目にやるしかない。もう一つの方法は、雇い賃を高めに設定することである。いくらクビになったら次の雇主を探せばいいと言っても、それがスムーズに見つかるとはかぎらないので、代理人にとっては、雇い賃が高いほどクビになったときの損失が大きくなるからである。

中世地中海貿易の世界において、前者の方法をとったのが、北アフリカのチュニジアに拠点のあるマグレブ商人、後者の方法をとったのが、北イタリアのジェノバの商人だった。どちらの方法をとっても、結局裏切る代理人は発生しなくなるという点で効果は同等なのだが、商人にとっては、マグレブ型の方が賃金が安いのでもうかる。しかし、マグレブ型は特定のマグレブ商人どうしの比較的狭い関係の中で取引が閉じてしまうのに対して、ジェノバ型の場合は、異邦人をも代理人に取り込んでどんどんと拡大していける。かくして、公的裁判制度の創設などで補完しつつ、最終的にはジェノバ商人が地中海世界を制覇することになったのだった。

言うまでもなく、マグレブ方式は決して裏切れない関係によってリスクを排除する身内集団原理だったのに対して、ジェノバ方式は流動的関係の中でリスクを抑えるコストをかける開放個人主義原理だったわけである。

アメリカ人は日本人より他人を信頼する

ここで山岸俊男の興味深い社会調査結果をもうひとつ紹介しておこう。[7] 一般には、日本社会は他人を信頼する性善説の社会なのに対して、アメリカ社会は人を見たらどろぼうと思えというような人間不信社会だという「常識」が、まことしやかに言われている。しかし、調査をすると正反対の結果が出る。アメリカ人の方が日本人よりも他人を信頼する傾向があるのである。これも統計的に有意な結果で、何度やっても同じ結果が出る。

アンケートでは、「ほとんどの人は基本的に正直である」「ほとんどの人は信頼できる」「ほとんどの人は基本的に善良で親切である」「ほとんどの人は他人を信頼している」「私は、人を信頼するほうである」「たいていの人は、人から信頼された場合、同じようにその人を信頼する」という六つの質問項目について、「そう思う」という度合いを尋ねた。その結果、いずれの項目についても、アメリカ人の方が日本人よりも、「そう思う」という度合いが統計的に有意に高かったのである（詳しくは本章注7も参照のこと）。

他人を信頼する人はお人好しではない

なぜ一見常識と正反対のこのような結果がでるのだろうか。山岸は実験によってその謎を解きあかしている。人間一般を信頼する度合いの強い人は、だまされやすいお人好しなのかと言うと、そうではない。全く逆なのである。人間一般を信頼する度合いの強い人ほど、人間を評価する情報に敏感でだまされにくいことがわかったのである。

山岸はそのことを示す二つの実験を紹介している。一つは被験者に冊子を見せ、その冊子に載っているストーリーの主人公への信頼度を尋ねるものである[8]。人間一般を信頼する度合いの強い人の方が、そうでない人に比べ、もちろんストーリーの主人公への信頼はもともと高いのだが、冊子を読み進んでその主人公が信頼に値することを示唆する情報が追加されていくと、人間一般を信頼する度合いが強い被験者達の方が、そうでない被験者達よりも、ストーリーの主人公への信頼度が急激に高まっていく。ところが、冊子を読み進んでその主人公が信頼できないことを示唆する情報が追加されていくと、今度は逆に、人間一般を信頼する度合いの強い被験者達の方が、そうでない被験者達と比べて、ストーリーの主人公への信頼を急速に落としていき、ついには人間一般を信頼しない被験者よりもかえって低いポイントをつけるようになるのである。

もう一つの実験は、互いに相手不明の被験者とペアになってゲームをさせる実験である。互いに協力しあえばそこそこもうかるが、協力的な相手を裏切って食い物にすればもっともうかる、ただしお互い裏切りあえば全然もうからないというゲームなのだが、そのゲームの前に、実験目的を偽ってゴミ問題について被験者みんなで討論させている。そうした上で、なされたゲームの結果を見て、ペアの相手の被験者が誰だったか予想させるのである。すると、人間一般を信頼する度合いの強い被験者達の方が、そうでない被験者達と比べて、はるかに正確にペアの相手を当てるのである。「ゴミ問題について」と称して行われた討論での言動から、各自の信頼性を推し量っていたわけである。[9]

すなわち、人間一般を信頼する度合いの強い人たちは、もともと人間を評価する情報に敏感でだまされにくい自信があるので、その結果として人間一般を信頼できているのである。逆に、人間一般を信頼する度合いの低い人たちは、もともとだまされやすくて人間を評価する自信がない人達で、その結果として頭から人間一般を信頼しないことで身を守っているわけである。

社会原理の違いと他人への信頼性

この違いはどこからくるのか。身内集団原理の社会の中で長く暮らしていたならば、身内はどうせ裏切れないのだから安心である。その人その人の人間性をいちいち評価する必要はない。他方、他人はどうせ深くつきあわなくていいのだから、とりあえず悪人とみなして避けておけば失敗しない。ここでは、出会う相手をその人個人として人間性評価する必要はないのである。むしろ大事なのは同じ集団のメンバーかどうかである。「我が社の社員かどうか」「同じ大学の出身者かどうか」「同じ日本人かどうか」といったことで、安心できる人間かどうかを判断することになる。(10)

それに対して、開放個人主義社会では、様々な身知らぬ他人と次々取り引きしなければならない。とりあえず人間というもの一般は信頼できるものとみておかなければ話にならない。そしてその上で、相手の人格に常に注意する必要がある。だからこの場合、人を判断する基準はどのグループに属しているかではない。その人が個人としていい人か悪い人かで判断することになる。経験にもまれるうちに見立ての自信がついていく。

それだから、開放個人主義原理の市場社会に慣れたアメリカ人の方が人間一般を信頼し、身内集団原理に慣れた日本人は人間一般を信頼しない傾向があったのである。常識的に日本は信頼社会と思われていたのは、あくまで身内集団の内部を指していたのであり、集団の外の他人まで一般的に人間を信頼しているわけではなかったのである。

ちなみに、筆者がこれまで四〇年ばかり生きてきた経験から言えば、世の中をニヒルに見て、どうせ人間というものは強い者に媚びて弱い者を踏み付けにするものだとみなし、自分でもそのように振る舞っている者のまわりには、不思議と本当にそんな人間ばかりが集まってくるものである。そしてその結果まわりに傷付けられてますますその信念を深めることになる。いろいろ理由はあるだろうが、やはり善良な人間は敏感だから、そういう種類の人は避けられてしまうのだろう。

開放個人主義社会では社会関係資本《ソシアルキャピタル》が必要

人間一般への信頼感と言えば、近年注目されている社会関係資本《ソシアルキャピタル》という概念にとって、重要な要素となっている。この概念の提唱者であるパットナムが、各地の社会関係資本《ソシアルキャピタル》を計測するために作った社会関係資本《ソシアルキャピタル》指数にも、「大半の人は信頼できる」と「大半の人は正直である」という命題への賛意率が含まれており、いずれも、結果として出た指数との相関係数が、他の項目よりも飛び抜けて高い[11]。特に、「大半の人は信頼できる」に対する賛意率と指数全体との相関係数は九二％もあるので、これだけで社会関係資本《ソシアルキャピタル》の充実度はほとんど代表させることができるくらいだと思う。

パットナムは、かつて約二〇年にわたり南北イタリアの社会を調査し、なぜ北イタリアの経済パフォーマンスが良くて南イタリアはだめなのかについて、ひとつの原因を見いだした。それは北イタリアには市民共同体の伝統が存在し、様々な市民の助け合いのネットワークとそこから得られる信頼性の規範が見られたのに対して、南イタリアではそれが乏しかったということである。そこで、人間関係のネットワークや助け合いの精神は、工場などの物的資本や、知識・技能などの人的資本と並ぶ、一種の生産資本とみなせるとして、これを社会関係資本《ソシアルキャピタル》と名付けたわけである[12]。

　この概念は便利なので、たちまち多くの研究者に広まったが、いかんせん定義があいまいだった。そのため、人間関係のつながりはなんでもかんでも社会関係資本《ソシアルキャピタル》だというような論調になってしまった。しかし、パットナムが社会関係資本《ソシアルキャピタル》に乏しいとした南イタリアにも、例のマフィアを極例とする強固な人間関係のつながりはあるのだ[13]。

　パットナムは、「社会関係資本の試金石は一般的互酬性の原則である[14]」と言っている。互酬性とは「お互い様」の助け合いのことだが、ここでは、「一般的」ということが重要である。すなわち、善意をほどこした直接の相手から近い将来助けてもらえるという話ではないのだ。いつ誰から見返りが返ってくるかわからないけど、善意をほどこせば、そのうち誰かから恩恵が得られるという期待が成り立っていることである。これがあれば不要なコストが大いに削減できてみんながトクをする。それが市場経済の発展にとってプラスに働くと言うわけである。このためには、他者一般に対する「薄い信頼」が必要だとされている[15]。小規模で緊密な共同体ならば「厚い信頼」で協力が維持できるが、もっと大規模で複雑な状況では、非人格的・間接的な信頼がなければならないと言うのだ[16]。

　南イタリアにあったのは「一般的」互酬性ではなく、裏切りが即制裁に直結する「恩顧＝庇護主義的関係」である。パットナムは、これは社会的信頼と協力を維持するものではないとしている[17]。また、親族関係や親友関係などの「強い」個人間の結合は、コミュニティの団結や集合行為の維持のためには「弱い結合」ほど重要ではないとも言っている。(18)これらは身内集団原理に特有の固定的人間関係にほかならない。パットナムのもともとの社会関係資本《ソシアルキャピタル》概念には、このような身内集団原理の人間関係は含まれていなかったか、重要度の低いものとみなされていたわけである。もともとは開放個人主義社会でこそ必要になるものを指摘したのだと解釈すべきだ。

しかし、その後あまりにも様々な人間関係が社会関係資本《ソシアルキャピタル》に含まれてしまったために、今日の標準的研究では、社会関係資本《ソシアルキャピタル》を、「橋渡し型」と「結束型」に改めて分けるようになっている。(19)すなわち、「結束型」のパットナム自身も現在この方式に従い、この両者の区別を強調している。「結束型」の社会関係資本《ソシアルキャピタル》は、排他的な集団内部の結束を強化させるもので、本書の身内集団原理に対応している。それに対して、「橋渡し型」とは、様々な相異なる人々をつなぐ「弱い」ネットワークである。こちらが本来の社会関係資本《ソシアルキャピタル》であり、開放個人主義社会で必要になるのはこれである。結束型社会関係資本《ソシアルキャピタル》は「なんとかやり過ごす」のに適し、橋渡し型社会関係資本《ソシアルキャピタル》は「積極的に前へと進む」のに重要になるとされているが、(20)このことは、リスクを避ける身内集団原理と、リスクを引き受ける開放個人主義原理とのそれぞれの特質が表れていると思う。

「弱い紐帯」の重要さ

ところで、このように、人間どうしのつながりあいを、「強い」ものと「弱い」ものに分けて、「弱い」つながりあいの持つ、「橋渡し」機能の重要さに注目する立場と言えば、グラノベッターの『弱い紐帯』の強さ[21]」と題した有名な古典的研究がある。ここで主張されているのは、家族や親友のような「強い」つながりは、力を行使するには役立つが、情報伝達には優れていない、情報伝達や社会的な組織化のためには、むしろちょっとした知り合いのような「弱い」つながりの方が重要であるというものである。「弱い」つながりは異なった社会集団間の「橋渡し」をしているからだと言う。

この説のもとになったのは、一九七〇年、グラノベッターがハーバード大学の博士課程在籍中に行った労働市場についての調査である。最近転職を経験したボストン郊外のホワイトカラー男性に対して、現在の職を得るにあたって決定的に役立つ情報を提供してくれたのは誰かを調べたところ、当人がひんぱんに連絡を取る人よりは、まれに接触する人の方がずっと多かったのである[22]。

また、この論文では、同様の結論の興味深い先行研究もいくつか紹介している。ミルグラムたちは、ランダムに選んだ人にブックレットを渡して、それをターゲットの人物を知っていそうな知人に送ってもらう実験を行ったと言う。それを受け取った人がターゲットの人物を知らなければ、さらに知っていそうな知人にそれを転送する。そして、どれくらいの割合でターゲットまで行き着くか、どのような経路で行き着くかを調べたのである。そうすると、黒人をターゲットにして白人から始めたケースでは、白人から黒人に最初に送られる時点で、友人宛だった場合は結局最後までたどり着いたのは二六%だったのに対して、ただの知人宛だった場合は五〇%が最後までたどり着いたという。一九七〇年前後当時においては異なる社会集団であった人種間を橋渡しするには、「弱い」つながりの方が有効であったというわけである[23]。

また、ボストンの「ウェスト・エンド」地区のイタリア移民コミュニティが、そのコミュニティを破壊することになる都市再開発に対して、何も闘いを組織しなかったのはなぜかということについてのガンズという人の研究も紹介されている。ガンズは、よそ者が入り込むのに困難なウェスト・エンド地区に夫婦で住み着いたところ、まず隣人と友人になって夕食に招待されるようになった。するとやがて、その友人から隣人たちや親戚を紹介され、その人たちからまた紹介され、ということが続き、何人もの人の夕食の集まりに呼ばれることになったが、結局そこでの顔ぶれは、みな最初の隣人の属する共通の人間関係のメンバーであったと言う。つまり、コミュニティ全体は、比較的少人数の緊密なグループに分断されており、グループの間を橋渡しする人間関係が乏しいために、グループを超えた運動が信頼されなかったというわけである。(24)

このような主張に対して、安田雪は、紐帯の「強い／弱い」と「橋渡し」機能の有無とは別の次元の事柄で、重要なのは「橋渡し」の方であって、「弱い」ことではないという批判をしている。(25)これは、「弱い」つながりあいの間で情報のループが起こって、伝達が止まってしまった実験結果に基づくものである。

問題の本質が「弱い」ことそのものではなく、「橋渡し」機能の方にあるのはその通りだと思う。しかし、十分広い社会での情報伝達や組織化などを問題にするとき、平均的な人にとっては、社交に費やす資源やエネルギーを、人々の間にどう配分するかには、「あれかこれか」の問題が発生する。その配分を特定集団内部に厚く優先することが期待される社会と、薄く広く分散させることが許される社会との比較を課題とするときには、「橋渡し」機能を果たす人間関係は比較的「弱い」ものと見てよいだろう。弱くても、価値が低いわけではなく、重要なのだというのがグラノベッターらの研究のポイントなのだと思う。

元人質バッシングはなぜ起こったか

ところで、経済学者の伊藤元重も、従来の日本型システムと、来たるべき市場社会との違いの鍵を、リスク処理の仕方に見ている。(26) 彼は、従来の身内集団型システムにおけるリスク処理の仕方を「**リスク排除**」と表現し、これからはリスク排除ではなくて「**リスク管理**」でなければならないと主張している。「リスク排除」とは、危険に一切背を向けて、安心できる関係の中に閉じこもることである。これからはそうではなく、あえてリスクを背負って、しかし万一の被害を最小限にするために最大限の努力をすることが大切だと言っている。それが「リスク管理」という意味なのである。

このことに関して思い出すのが、二〇〇四年春に起こったイラクでの日本人拘束事件である。ストリートチルドレンの自立支援ボランティアや劣化ウラン弾の被害調査などのためにイラク入りして武装勢力に拘束された三人に対して、政府、マスコミ、インターネットでの書き込みなど、国中あげて、ヒステリックなバッシングの嵐が巻き起こった。

本来三人が責められるべきは、リスク管理の未熟さであっただろう。その場合は、勇気と意図はとりあえず認めることが前提になる。しかし日本での非難を支えていた感覚はそんなものではなかっただろう。あのバッシングは、身内集団原理の目から見ていたと考えればうまく説明がつく。身内集団原理からすれば、外部であるイラクにまでおせっかいを焼きにいくことは善行とは見なされないわけである。この立場の場合、リスクは管理するものではなくて排除するものとされるわけだから、わざわざイラクのような危険なところに行こうとすること自体が常軌を逸していると見なされることになるわけだ。

このとき、海外の多くのマスコミが三人を擁護して、日本におけるバッシングの異様さを奇異の目でもって取り上げた。アメリカのパウエル国務長官までが、この三人を讃えて擁護したのである。本来三人はパウエル長官にとっては反米的な好ましからざる人物のはずである。にもかかわらずなぜそのような発言をしたかと言うと、そのように言うことがアメリカでは世論にかなった政治的に正しい発言だからである。うっかり三人を非難したりしたら世論から叩かれるという感覚があるのだろう。これが、開放個人主義社会の「リスク管理」の発想である。事業の失敗の原因はよく反省しなさいよ、しかしあえて事業に乗り出した意図と勇気は高く買うよというのと同じなのである。

3　なぜ損しても他人の足をひっぱるか

本当に合理的なら裏切りを防げない

さて、以上の考察で、他人から被害を受けない安心を得るために身内集団を作ったということがわかったが、しかしここで根本的な疑問がまだ残る。たしかに固定的関係の中では、裏切ったりしたらメンバーみんなに筒抜けになるかもしれない。けれどもだからといってそれがなぜ裏切りを防ぐ保証になるのだろうか。

裏切ったら何らかの制裁がされて都合が悪いから、という答えが読者からすぐに返ってくるだろう。しかし、それもよく考えてみると十分ではない。なぜなら制裁すること自体に何らかのコストがかかるからである。ぶんなぐれば手が痛いし、逆襲されてこちらがやられるかもしれない。警察のような専門家を雇うにもコストがかかる。いったいそんなコストをだれが負担するのだろうか。

メンバーみんなが少しずつコストを出し合うのだろうか。みんなで殴りにいくとか。警察を雇うおカネを出し合うとか。しかしそういうことに協力しあうこと自体への裏切り者がでたらどうなるだろうか。結局、問題が先送りされているだけで、また同じ問題に直面する。(27) 全員が合理的に損得を計算するなら、制裁自体が成り立たないのである。

足をひっぱる性質が制裁になる

そこで本書冒頭の「質問二」の話になるのである。五〇〇円もらえて他人が一〇万円もうかる選択肢と、三〇〇円しかもらえなくて他人が何ももうからない選択肢と、どちらを選ぶかという問題である。合理的に考えれば二〇〇円分余計にもらえる方を選んだ方がトクに決まっているのに、わざとそれを捨てて他人の足をひっぱるかどうかということである。

日本人とアメリカ人で比較実験すると、日本人はアメリカ人に比べて、自分が少しぐらい損をしても、他人の足をひっぱる選択を自らすすんでする傾向が多い[28]。この一見不合理な行動にも、実はちゃんと意味があったのである。

なぜなら、集団のメンバーみんながこのような性質を持っているならば、集団を裏切って自分だけトクをした者が現れたとき、みんなが自らすすんで足をひっぱってくるからである。それが制裁になるのだ。すなわち、自分にコストがかかるのをいとわずに、みんなが制裁に貢献することになる。これがわかっている限り、仲間を裏切ることはできないということになる。こうして、この「人の足をよろこんでひっぱる」性質は、身内集団原理の社会において、集団の秩序を維持する働きがあったのである。

このことを示した西條辰義らのグループの実験[29]がある。この実験では、相手不明で組んだペアの間で、各自がまずゲームに参加するかどうかを決め、参加すると決めたら利得を得るための自分の貢献額を決める。相手が参加しないならば自分だけでも参加しなければ大損するのだが、相手が参加してくれるならば自分は参加しない方がぬれ手に粟でもうかる。このとき、どの程度参加するのかは、実は合理的に計算で出てくる均衡の参加率があって、ゲームを何度も繰り返すうちに損得にあわせて少しずつ手を変えていけば、その均衡の参加率に落ち着く。これを「進化的に安定な均衡（＝ESS）」と言う。

これを日米で共同実験して比較した。すると、アメリカ人を被験者にした場合、相手が参加しようが参加しまいが、それぞれのケースで自分が一番トクをする貢献額を選ぶ傾向が観察された。その結果、参加率は実験を繰り返すうちにESS付近に落ち着いた。

それに対して日本人を被験者にした場合、相手が参加しなかったならば、相手がぬれ手に粟でもうかるのを阻止するために、自分は一番トクにはならなくてもいいから、相手に打撃を与えるような貢献額を選ぶ傾向が観察された。その結果、参加率は実験を繰り返すうちに、ESSを超えてどんどんと高まっていった。すなわち、自分は少しぐらい損してもいいから他人の足をひっぱる行動が、不参加を選ぶことへの制裁として働き、協力を引き出していったのである。

うまく働くのは身内集団原理の社会だけ

しかし、この性質がこのようにうまく働くのはメンバーが決まった集団に限られる。メンバーが固定しない、不特定多数の人々からなる社会では、みんながこのような行動を取れば、みんなで足をひっぱりあって最悪の結果になる。

例えばアメリカで寄付やボランティアが盛んなのは、ひとつの理由は、自分の貢献で公共的なものができて、その恩恵が返ってくるのを期待するからである。各自はそのコストと恩恵を秤にかけて、一番自分にとって得になるように貢献する。当然中にはただ乗りすることを選ぶ者も出る。しかしその一方で巨額の寄付をする者も出る。しかしここで従来の日本人的に振る舞うと、自分が奉仕してできたものの恩恵に、ただ乗りするヤツが出たら「くやしい」と思うことになる。その結果、みながその公共事があったらいいなと思いながら、誰もそのために貢献するものがいなくなるのである。

あるいは、道でポイ捨てをするかどうかとか、魚の乱獲をするかどうかなども同じことである。誰もポイ捨てしない中では自分一人ぐらい捨てても影響ないし、誰も乱獲しない中では自分一人ぐらい余計にとっても影響ない。しかし、あまりに道がきたないと自分が捨ててもっときたなくなるのはイヤだと思うようになるし、あまりに魚が少なくなると自分があまりとりすぎて魚がいなくなるのは損だから遠慮するようになる。だから、合理的に損得計算すれば、どこか中間の適当な所に落ち着く。

ところが、「足をひっぱる」性質があれば話は別になる。メンバーが固定した集団でなら、この性質のおかげで、誰もポイ捨てしなかったり、誰も乱獲しなかったりする最高の状態が実現できる。しかし不特定多数の社会でこの性質があると、自分がポイ捨てしないで美観を保っているのに、それにただ乗りしてポイ捨てする他人が現れるのが「くやしい」と思う。自分が乱獲を遠慮して魚の数を保っているのに、それにただ乗りして余分にとる者が現れるのが「くやしい」と思う。だから過剰にポイ捨てが行われたり、魚をとことんまでとり尽くしたりすることになる。かえって最悪になるのである。[30]

出すぎた杭をよろこんで打つ従来の日本人の性質は、これまでも当の日本人の間からもあまりいいものとは言われてこなかった。しかしこれまでの身内集団原理の社会の中では、それはそのシステムにふさわしい合理的意味を持っていたのである。身内集団が崩れ、不特定多数者の競争で成り立つこれからの世の中においてこそ、このような性質が社会にとっての災難に転化するのである。不特定多数者が匿名で書き込めるネット掲示板というものの出現が、ヒトの足をひっぱることにコストとエネルギーをかけることを損と思わないタイプの人々に、どんなに破壊的な活躍の場を与えていることか。このことがこれからの世の中の行く末を端的に示唆していると思う。（そういえば、九州工業大学の佐藤直樹は、日本型身内集団のことを「世間」と呼んで研究しているのだが、やはり、自己の「世間」のメンバーがその掟に反したらよろこんで制裁する日本人の特性をふまえた上で、ここにネット社会の新条件が加わったことの恐ろしさを指摘している。[31] この意味での「世間」の範囲が国中に広がり、しかもみんなが匿名の攻撃手段を持ったわけである。制裁対象になった者は、本人の住所や顔写真はおろか、親の住所や電話番号や職場までさらされて、いやがらせの集中に歯止めがなくなる。）

制裁がなければ集団を裏切る

ところで、従来の日本人が他人の足をひっぱる性質は、裏切りを防ぐ制裁として機能していたということであるが、逆に言えば、この制裁が働かない条件のもとでは、日本人は平気で集団を裏切りかねないということになる。実はこれも実験で証明されている。

山岸俊男は、被験者を互いに相手不明の四人一組のグループにして、全員に定額の元手のお金をわたし、グループの他のメンバーのためにお金を提供したら、実験者によって二倍にされて他のメンバーに渡されるというルールのゲームをさせた。これは四人が同時に行うのだが、他人に提供させて自分はなにも提供しなければ丸もうけできる。しかし誰も一円も提供しなければ何ももうからない。みんながたくさん提供すればするほどみんなもうかることになる。これを、日本とアメリカで比較実験した。

その結果、日本人被験者は、最初にわたされた元手のお金のうち、平均四四％しか提供しなかったのに対して、アメリカ人被験者は、平均五六％を提供したという。[32] 常識とは逆に、日本人の方が集団主義的でないということになるのだが、結局、人目がなくて制裁が働かないならばアメリカ人よりも利己的に振る舞う傾向があるわけである。

現在の日本は、身内集団の縛りが崩れ、ますます人目がきかない匿名の社会になってきている。見知らぬ者どうしで足をひっぱりあった上、ますますお互い利己的に振る舞う世の中になることが懸念される。これからは、個人個人が、人目や制裁の有無にかかわらずに節を保つ良心を、内面に持つことが望まれる。倫理観の転換が必要なのである。

「義理」はなぜつらいのか

かくして、これまでの日本社会では、身内集団の仲間につくすのも、実は固定的関係の中で制裁を恐れ、将来の返礼をあてにしてのことが多かったということになる。パットナムが社会関係資本《ソシアルキャピタル》にとって重要とみなしたのは、先に述べた通り、親切をしても直接の返礼をあてにせず、いつかそのうち誰かから報われることを期待する一般的互酬性の原則だった。その意味では、これまでの日本的互酬関係は、社会関係資本《ソシアルキャピタル》とは対極にあったと言えよう。佐藤直樹が「親切―義理―返礼」の関係と呼んでいるが、親切を受けたら、なるべくすみやかにその当人に等価の返礼をすることが、固定的人間関係の中で暗黙に強制されるのである(33)。これが「義理」である。ルース・ベネディクトは有名な『菊と刀』の中で、「義理」を全く日本的なものとした上で、「借りた金の返済に関するアメリカの掟」になぞらえて理解すればぴったりくると解説している(34)。

佐藤もベネディクトも、欧米では贈り物や手助けを受けたことに対して直接返礼をあげなければならないという感覚がないことと対照させて、日本の場合の返礼規範の厳格性を強調している。しかし本書のこれまでの考察からするとこれは当然である。もともと一方的に食い物にされるリスクをなくすために固定的関係を作っているのだから、その点での不確実性がないように、厳しく見返りが追求されるわけである。

ベネディクトは同時に、「義理」という言葉には、「しぶしぶやるもの」「つらいもの」というニュアンスがつきまとうと指摘している。[35] それだけこの規範が厳しいということでもあるが、それにしても不本意性が妙に強調されるケースが多いのは間違いない。なぜだろうか。私見では、これは、日本型身内集団社会がほぼ例外なく家族を理想モデルにしているせいだろうと思う。「おおやけ」という言葉が「大きな家」からきているように、日本型身内集団社会は、本物の家族からはじまって、同心円状に、より大きなスケールでの家族が広がっているイメージでとらえられている。[36]

本物の家族の中では、親は何の見返りも期待せずに子供の世話をし、子供はその「恩」への無限返済のつもりですすんで親につくす。[37] 日本型身内集団はこれを理想型にするので、集団のメンバーに対しては、何の見返りも期待せずに心からつくしあうことが理想とされている。ベネディクトは、当時の日本人が高い価値をおく「まこと」という言葉に着目し、見返りを期待しない純粋さを意味すると分析しているが、[38] これはまさに家族モデルからくる理想像にほかならない。

ところが実際の身内集団システムは、互酬関係を確実ならしめるための冷徹合理的機能からとられているものだ。見返りなしに親切にしてくれることを世間で期待してはならない。だったら最初からさばさばした契約にすればよさそうなものなのだけど、そうしてしまうと条件の合わないときの関係解消を認めることになってしまってまずいので、あくまで選択の余地なき家族モデルの形式は守る。だから本来家族のように一方的奉仕であってしかるべきという気持ちを抱きながら、しかし滞りなくきっちり返済せねばならなくなる。ここに「義理」というものの「つらさ」のニュアンンスが発生するのだろう。

「甘え」の構造はどこからくるか

それゆえ、ベネディクトが「義理」と「人情」を対立的にとらえたことに対して、土居健郎がそれは誤解だと批判しているが[39]、「義理」と「人情」がいたるところで対立する構造は間違いなくあったわけだ。むしろ、土居自身の往年のベストセラー『「甘え」の構造』で分析されていることは、この構造に起因すると考えるとすっきりくる。

すなわち、土居が分析している様々な日本社会の諸現象は、一言で言えば、「甘えたいのに甘えられないフラストレーション」ということにつきると思う。日本社会では家族が理想モデルとなるので、子供が親に一方的奉仕を期待して無条件に甘える感覚が、あらゆるところに一種の理想として普遍化されるのである。しかし、そうはいかない現実が待ち構えている。現実にあるのは、違反したら制裁される相互監視付き「義理」のネットワークである。しかもそこでの「お世話になったら返すこと」という規範は、必要悪でも単なる処世術でもなくて、大真面目の「善」である。かくして日本人は、二つの「善」に引き裂かれて、慢性的にフラストレーションを抱えて生きることになる。

現在、身内集団が崩れることで、相互監視付き「義理」のネットワークはなくなってきている。ここで、本来これに代わって行きわたるべきものは、パットナムの言う一般的互酬性の原則である。

親切にした相手から直接近いうちに返礼がくることは期待しないが、そうやって他人に親切にしておけば、やがていつかは誰かから親切にしてもらえると確信して親切にすることである。みんながこういう態度をとることが、開放個人主義社会にとって社会関係資本《ソシアルキャピタル》となり、社会をうまく機能させるのである。

ところがこのような価値観の転換なしに、家族を理想モデルとしてなぞらえる発想は残ったまま、「義理」のネットワークだけが崩れるとどうなるか。誰かが一方的に自分につくしてくれる「甘え」の理想は依然として抱きつつ、以前にもましてその理想とかけ離れた市場社会のドライな現実の中で、自分からは他人のために何もしようとしない人々が、あれしてくれない、これしてくれないとフラストレーションを高めていくことになるだろう。そして、たまに他人のために手助けをしようとする人が現れると、多くの人がどんどん甘えてきて、やがて負担に押しつぶされることになるだろう。

さて、この章では、人間関係を司る社会原理に「身内集団原理」と「開放個人主義原理」の二種類があることを見た。両者はそれぞれ、社会関係を営む上で個々人が直面するリスクをどのように処理するかの違いによってもたらされたものである。そしてここから、「身内への忠実／他人への誠実」といった倫理観の違い、「内へは利他・外へは利己／取引は利己でありかつ利他」という利己・利他イメージの違い、人間一般を信頼するかしないかという違い、他人の信頼性を個人として判断するか所属集団で判断するかという違い、損しても喜んで他人の足をひっぱるかどうかという違い等が、すべて合理的につじつまの合った理由で帰結する。

それゆえ、このような、人間の倫理観や価値観、判断基準等が、そのときの社会システムと合致していればうまくいくのだが、両者の間がちぐはぐになった場合、世の中はうまくいかなくなるのである。

補論――荒井一博による山岸批判について

この章で紹介した山岸俊男の議論に対して、一橋大学の経済学者である荒井一博が精力的な批判を行っている。[40] そこでは、筆者が借用した山岸の論点も批判されているので、ここで特にとりあげて検討してみる。

まず、日本人よりもアメリカ人の方が人間を信頼する傾向があるとする山岸の議論に対する批判についてである。荒井の著作を通読して思ったことは、山岸のこの論点は、荒井の持論を補強する強力な論拠になるのに、感情的に拒絶してしまってもったいないことをしているということである。

ひとつたとえ話をしてみよう。仮に、日米で、「銃器を入手できたら使ってみたいと思うか」というアンケートを行って、イエスと答えた割合が、日本人の方が有意に高かったとしよう。この結果を見て、「そんなことはあるもんか。日本とアメリカを比べたらアメリカの方が銃犯罪がずっと多いじゃないか」と批判した人がいたとしたらどうだろうか。もちろんこの批判は成り立たない。アメリカは銃器の所持がほとんど自由なのに、日本ではそれが厳格に規制されているから、使ってみたいと思うかどうかにかかわらず、アメリカの方が銃犯罪が多くなるのは当然だからである。

荒井の山岸批判は基本心情のところでこのたぐいの批判と似たところがある。アメリカの方が日本よりもよほど世の中乱れて他者不信が蔓延しているではないかというわけである。ところが、アンケートで調査されたのは人間一般への信頼であり、同じ集団の者への信頼を聞いているわけではない。日本人は同じ集団の者は信頼するが、人間一般への信頼はアメリカ人よりも薄い傾向にあるというだけである。現実には、日本の方が、アメリカと比べて、集団の縛りはよっぽど残っているわけだから、アメリカの方が世の中乱れて他者不信になるのは当然である。

仮に先のたとえのように、日本人の方がアメリカ人よりも銃器を使いたい割合が高いという調査結果が出たら、ここからどのような政策的含意が引き出されるだろうか。日本でアメリカ並みに銃保持が自由化されたならば、アメリカをしのぐ銃犯罪社会になるだろう。だから日本で銃規制の自由化はするべきではない。こういう議論に使えるだろう。

それと同様に、山岸のこの調査結果は、日本でアメリカ並みに組織の縛りがなくなったならば、アメリカをしのぐ他者不信社会がやってくるだろう(41)という論拠に使える。そしてここからは、日本型雇用慣行などの従来の集団主義的システムを崩すべきではないという政策的含意が導かれる。これこそまさに荒井の持論にほかならない。

もちろん、山岸自身の主張はこれとは反対で、集団主義システムを崩すことの利点を主張している。筆者は、ここまで崩れてしまった現実の傾向は、もはや後戻り不可能だから、人間の意識の方を現実に合わせることで社会の崩壊を防ぐべきだと思っている。こうした主張に荒井が反対するのは自由である。しかし、その昔マルクス経済学の巨匠達が、偉大な研究業績を記したあとの結語で、社会主義革命が明日に迫っていることを謳い上げていたものだが、これが気に入らないからといって本文のデータ分析の数々も否定された日には、学問の歴史がふきとんでしまう。それと同様、主張が気に入らなくても、荒井は是非山岸の調査結果を利用するべきであって、実際にやっているような、社会心理学の確立された方法論に対する外野からのケチつけのようなことはやるべきではない。しかも、この論点は、アンケート調査だけでなくて、実験によっても確かめられているのだから、専門外の者としては、とりあえず結論はそのまま受けとっておいたほうがよい。

もっとも、一九九〇年代はじめに行われたこれらの調査結果が、今でもあてはまるかどうかについては、筆者は心もとないと思う。パットナムの『孤独なボウリング』は、アメリカの社会関係資本《ソシアルキャピタル》がいろいろな側面で崩壊の一途をたどっていることを、これでもかと見せつけている。もちろん、その中には、「大半の人は信頼できる」「大半の人は正直である」という命題への賛意率も含まれている。(42) このパットナムの本のデータは九〇年代で終わっているが、同時多発テロ以後の社会状況の中で、これらの数字がどう推移しているのか、ちょっと想像するだに恐ろしい。

次に、山岸は、固定的人間関係における信頼を「安心」と名付け、流動的人間関係における信頼を本来の「信頼」として概念区分したのだが、これに対する荒井の批判を検討したい。実はここでも同様のことが言える。この概念区分自体は、荒井の持論のための強力な論拠として使えるはずなのだが、ここでも感情的に拒絶して損をしてしまっている。

固定的人間関係では、返礼や制裁が効くので、確実に相手のとる行動を信用できる。しかし、流動的人間関係では、返礼や制裁が期待できないので、白紙の状態で出会った人を信用するのは「かけ」である。両者の間に質的な違いがあるのは明らかである。だが、流動的人間関係がメジャーな社会では、みんなが白紙の相手でもあえて信頼することにかけたならば、各自長期的にトクをするように協力的に振る舞うのが最適になるので、結果として概して「かけ」は当たって、当初の一般的信頼感が再生産される。逆に、みんなが白紙の相手は信頼しないならば、各自目先の利益を追うことが最適になるので、やはり恐れは当たって当初の不信感が再生産される。ひとつの社会がどちらになるのかはわからない。しかし、どちらになるかによって、経済のパフォーマンスは大いに違ってくるのである。流動的社会では、人々が白紙の他者をあえて信頼する方にかけるという、ある意味で容易ならざる選択をするかどうかが非常に重要になるので、特にこのタイプの「信頼」を区別して取り上げて、その形成メカニズムを分析することは大きな意義を持っている。

だから荒井は山岸のこの概念区分を受け入れて、こう言うべきだったのだ。流動的人間関係の社会は、こんなに不確実なタイプの「信頼」に依存しなければ良好な社会が維持できない。特に、人々が今まで固定的人間関係の中にいて、返礼も制裁も効かない他者を信頼することに慣れていない日本では、急に流動的人間関係の中に投げ出されても、白紙の他者をあえて信頼できる者は少ないだろう。そうすると、恐るべき相互不信社会ができて、社会のパフォーマンスが悪くなる危険性が高い。それよりは、固定的人間関係の中の「安心」タイプの他者信用の方が確実でいい。だから固定的人間関係は崩してはならない。日本型雇用慣行を守れ……と。

それなのに荒井は、山岸が彼の概念区分に、「安心」は悪い、「信頼」は良いという彼の価値観を重ねていることを感じ取って感情的に反発してしまい、揚げ足取りのような文章表現へのケチつけを連ねて、科学的な概念区分そのものをも否定してしまっている。これは残念なことである。

最後に、山岸は外部の者からの「搾取」の危険を避けるために固定的人間関係が形成されるとしているが、日本型雇用慣行は外部からの「搾取」を避けるためではなくて企業特殊的技能の形成のために作られているのだ、とする荒井の批判について。

荒井と筆者では、山岸説の解釈について根本的なズレがあるのかもしれないが、山岸説によるシステム分化論で基本原因に位置づけられているのは、リ、ス、ク、処、理、の、し、か、ただと思う。誰かから「搾取」されるかもしれないというのは、リスクの一種である。しかし世の中にあるリスクはそれだけではない。企業にとっては、自社に適合する技能が利用できるかどうかということも重大なリスクである。できあいの汎用的技能に依存していたら、必要な技能を持った人材を探し出すコストは高くなるかもしれない。自社内で自社に都合のいい技能を自前で作ってしまえば、このリスクは排除できる。そこで、日本型雇用慣行がとられたというわけだ。固定的人間関係によってリスクを排除するという筋では、山岸の説明があてはまっているのである。

固定的人間関係で閉じれば、リスクは排除できるが、外部にあったかもしれないもっと有利な機会を断念する機会費用がかかる。有利な機会を逃さないために外部に手を広げていけば、リスクは高くなる。したがって、ローリスク・ローリターンの極に全面国有社会があって、ハイリスク・ハイリターンの極に全員が個人ベンチャーのような社会があって、その中間が連続している。そしてこれまでは、世の中がうまくまわる度合いのピークが、少なくとも間に二つあったわけである。荒井はそのうちローリスク・ローリターンの方のピークを好み、山岸はハイリスク・ハイリターンの方のピークを好む。筆者は、読者がどちらの価値観を持たれていてもかまわないが、どのみちローリスク・ローリターン側のピークが経済的技術的理由で消失してしまうならば、この転換に前向きでありたいと思っている。ただ、いずれにせよ、流動的関係でできた社会は、それにふさわしい価値観や信頼文化のタイプがそろってこそうまくいくのであり、それなしには社会秩序が深刻に損なわれるということについては、荒井も同意できるはずだと思う。

第二章　裏目に出る身内集団の道徳

噴出する企業不祥事

さて、戦後様々な企業不祥事が相次いできた。公害や汚職事件などの古典的ケースから、バブル崩壊後は新たに証券会社の損失補填や銀行の不良債権の「とばし」、総会屋への不正利益供与などが取りざたされ、薬害エイズ事件も起こった。そして、近年では目立ったものだけでもざっと**図表2―1**に示したような事件が起こっている。

二〇〇七年には、ここにあげたほかにも偽装事件が相次ぎ発覚し、一年を象徴する字に「偽」が選ばれたことは記憶に新しい。

最近のこれらの事件はどれも非常に似た経過をたどっている。まずは可能な限り情報を隠ぺいしようとし、次いで責任を転嫁しようとする（ＪＲ西日本の「置石発表」！）。結局マスコミ調査などで真相が明らかになっていって、世論が十分怒りで沸き立ってから、やっと頭を下げるのである。

日本人は「仲間の目」が神——その戦中戦後の病理

考えてみれば企業不祥事の「企業」というところを別の集団に入れ替えてみれば、日本では昔から本当に同じようなことが繰り返されてきた。それは、旧軍であったり、連合赤軍や内ゲバ諸派であったり、オウム真理教であったりした。いったいなぜ、飽きもせずにこのようなことが繰り返されるのだろうか。

それは日本社会に非常に強固な、身内集団原理の道徳観によると思われる。いわば、日本人にとっては、**「仲間の目」が神**なのである。

図表２－１　近年の企業不祥事

雪印乳業事件（00年6月発覚）
三菱自工事件（00年7月発覚）
雪印食品牛肉偽装事件（02年2月発覚）
日本ハム牛肉偽装事件（02年8月発覚）
三菱自動車欠陥車事故（04年6月元役員逮捕）
ニセ温泉事件（04年7月から相次ぎ発覚）
コクド事件（04年10月）
松下ファンヒーター欠陥事件（05年1月発覚）
保険金不払い事件（05年1月から相次ぎ発覚）
カネボウ粉飾決算事件（05年4月発覚）
ＪＲ西日本尼崎列車事故（05年4月）
マンション耐震強度偽造事件（05年11月発覚）
ライブドア事件（06年1月役員逮捕）
東横イン偽造工事（06年1月から相次ぎ発覚）
村上ファンド事件（06年6月役員逮捕）
不二家期限切れ原材料使用事件（07年1月発覚）
関西テレビ「あるある」ねつ造事件（07年1月発覚）
ミートホープ食肉偽装事件（07年6月発覚）
白い恋人期限改ざん事件（07年8月発覚）
赤福期限改ざん事件（07年10月発覚）
比内地鶏偽装事件（07年10月発覚）
船場吉兆期限改ざん事件（07年10月発覚）
再生紙偽装事件（08年1月発覚）

仲間の目にどう映るかが、ときには命より大事なことなのである。

例えば、旧軍兵士が中国大陸で強姦を繰り返していたが、後からの経験者の証言によれば、「女も犯せないのは腰抜けだ」という観念が兵士仲間の間であって、別に性欲がなくてもやらざるを得ない雰囲気があったということである。だから、とても性欲が湧かないような老婆でも、あえて犯したという証言もある。

そして特攻隊の若者達は、仲間が出撃して死んでいくと、自分も早く出撃したいと死に急ぐようになった。負傷した日本兵は、アメリカ側に助けられそうになると、手榴弾で自爆した。サイパンではアメリカ兵に捕まる前にと、娘達や、泣き叫んでいやがる子供を道連れにした母親達が、集団で次々と断崖から身を投げた。

ところがこんな信念の軍国日本人が、ソ連につかまってシベリアで洗脳されると、簡単にコロッとスターリンを礼讃しだしたのである。ソ連はこの洗脳に味を占め、ドイツ兵捕虜やイタリア兵捕虜でも同じことを試みたのだが、全然うまくいかなかった[1]。ところがそんな捕虜が釈放されて故郷に帰ってしばらくすると、また多くは簡単に村の伝統に戻ったのである。我が身を守るために心にもないことを言っていた人ばかりなのではない。多くの人は、軍国主義も、スターリン礼賛も、故郷で元に戻るのも、全部本気でやっていたのである。周りの目にどのように映るかを必死に追いかけていただけなのだ。

これは米軍の捕虜になった日本兵でも同じである。もう故郷に受け入れてもらえないと思い込んだならば、絶望期がすぎて覚悟が決まると、新しい世間に受け入れられようと、米軍に協力して積極的に軍事情報を提供しようとする。[2] ベネディクトは、このような協力は西欧の捕虜にはない顕著な特徴だったと言う。[3]

戦後マッカーサーが厚木基地に降り立ってから横浜に向かう沿道で、ついこの間まで「一億玉砕」と言っていた三万名の日本兵が、直立不動で粛然と護衛に立った。あまつさえ道筋で土下座して迎える住民までいた。[4] そしてその後、マッカーサーは日本人から、山をなす贈り物や、五〇万通に及ぶ手紙を受け取ることになる。そこには彼自身のことが、英雄だの平和の使者だのと称えられており、ほとんどがアメリカ軍の占領を好意的に語り、「マッカーサー元帥の万歳を三唱し、あわせて貴国将兵各位の無事の進駐をお祝い申し上げます」といった調子で結ばれたものも多かった。「昔は朝な夕なに天皇陛下のご真影を神様のようにあがめ奉ったものですが、いまはマッカーサー元帥のお姿に向かってそうして居ります」と書いた老人もいた。こんな現象はドイツでは無かった。[5]

マッカーサー自身はこれを、強者に媚びる態度ととらえて嫌悪したらしいのだが、そのとらえ方は正確ではないと思う。やはり、日本人各自が、まわりの人々に決定的に流布しはじめた新しい価値観を必死に取り入れようとしていただけなのだろう。

日本人は「仲間の目」が神――内ゲバ、赤軍、オウム

さてその後、高度成長を成し遂げた日本がその限界に突き当たった七〇年代には、社会党や共産

党に飽き足らずにもっと急進的な革命を目指した若者達が、「内ゲバ」と呼ばれる殺しあいや、一般民衆を巻き込むテロによって、自滅の道を転がり落ちていった。『検証内ゲバ』という本では、ある党派内に設置されていた保育所が別の党派に襲撃される凄惨な場面が報告されている。[6] 多くの当事者達は誰もこんなことはしたくなかった。少なからぬリーダー達も、こんなことをしていれば運動にとってマイナスになるということまでわかっていた。しかしやめることはできなかった。みんな自派の組織内の内輪の目ばかりで互いを縛りあい、異論を口にしたら同志達から「プチブル的」とか「日和見」とか「反革命」などと呼ばれて攻撃されるのが恐ろしく、自派の原則に筋金入りで忠実な姿を示して、仲間に評価されようと必死になっていたのである。

その極限の事件が連合赤軍事件だった。おそらく他人への共感も人一倍あるだろう正義感を持った若者達が、「共産主義化された革命戦士となる」というスローガンのもとに、半年ぐらいの間に一四人の同志を次々とリンチにかけて殺害した。全員で一人を延々殴りつけて動けなくし、アジトの外に縛りつけて食事も与えず排泄垂れ流しにして放置し、寒さと飢えで死なせる。今日殴る側だった者も、ちょっとしたことを取り上げられて明日には殺される側になる。犠牲者の兄を、未成年の弟二人が涙を流しながら殴っていたという。[7]

このような悲劇は十数年以上たって、オウム真理教でそのまま再現された。若者達は、内輪からの評価だけを絶対視して、人間として当然あるはずの自然な感覚を押さえ付けて、粗食に耐え、苦行に耐え、裏切り者とされた仲間を殺し、子供を殺し、ついにはサリンをばらまいたのだった。

三菱重工爆破事件での光景とネット心中

今出てきた急進派のテロの時代の話だが、七四年八月に三菱重工爆破事件が起こっている。このときの外国特派員の興味深い報道を、山本七平が『「空気」の研究』という著書で、紹介している。それによれば、道路に重傷者が倒れていても、人々は黙って傍観しており、たまに人々がかたまって介抱しているところがあったら、それは負傷者の会社の同僚だったというのである。身内なら助けるけど、身内の外の他人は視野外なのである。

ちなみにこの話は佐藤直樹の『世間の目』から孫引きしたもの[8]なのだが、佐藤のこの本は、日本社会がいかに「世間の目」(=「仲間の目」)の縛り合いでなりたっているかを論じた本である。イジメも過労死も様々な問題がこれで説明されている。

近年流行したネット心中も、ネットでいつの間にか自殺仲間という仲間集団が出来上がり、その仲間の目でしばりあって自殺までいくのだそうである。全くサイパンの集団身投げの時代と変わっていない。

管賀江留郎の『戦前の少年犯罪』によれば、戦前に大島の三原山火口に飛び込む自殺がブームとなっていて、昭和八年だけで千人近い自殺者が出ているのだが、見知らぬ者どうし、大島に向かう船の中で三、四人で意気投合し、心中するケースがめずらしくなかったということである。[9] 現代のネット心中と同じ構図だろう。

佐藤は刑法学者なので、本の冒頭は、刑法の話で始まっている。日本の刑法には「共同共謀正犯」という考え方があり、実行犯だけでなく、共謀に加わっただけの者も罰せられることになっている。これは日本の刑法のお手本になったドイツにはなかった考え方である。ドイツでは誰が犯罪を犯したかについて、断固とした意思が確定しやすいのに、日本では個々の意思がはっきりしないまま、まわりにひきずられて犯罪を犯す人が多いので、このようにしないと誰も罰することができなくなるためだと言う。

今どきの若者もなかなか変わらない

よく今どきの若者は個人主義的になっているから無軌道だなどと言われる。筆者は、少なくとも上の世代の大人達が嘆いているような現象をさしているならば、「個人主義的」になっているなどと言うのは、全くのお門違いだと思う。

例えば「ケータイメール族」などと言われる若者達がいる。さっき別れたばかりの友人に「ゲンキ？」などとメールを出す。もらっても何も情報量の増えない無内容なメールを四六時中送りあう。これを指して正高信男は、『ケータイを持ったサル』で、サルが、自分の仲間が視界から消えた時に、不安になって鳴き声をかけあって安心しあう現象と同じだと言っている。[10] しかもわざと外部の者には読めない独特の文字を使う。自分達は他の社会から区別された独特の集団のメンバーなのだということを、常に確認したくてたまらないのだろう。

路上で座り込む「ジベタリアン」も、今は廃れたが「ガングロ」も、同じようなものである。仲間集団の外からは「何だこいつらは」と奇異に見られるようなことをしても、集団の外からの評価など視野に入っていない。仲間内からどのように評価されるかだけが重要なのである。

結局、旧軍、連合赤軍、オウム真理教、不祥事企業と本質は何も変わらない。集団の規模が二、三人にまで極小化しているだけで、集団の中の人目ばかり重視して、その外からどう思われようが考慮に入れないという構造は同じなのである。

よく、少年による集団リンチ殺人事件の後で加害者を取り調べると、加害少年達はそれぞれが、実はリンチの途中で「そろそろいいかげんにしないとヤバいぞ」と思っていたケースが多いそうである。ところがそんなことを言い出すと、周りから腰抜けと思われたり、みんなのやっていることに水をさすやつと思われたりするのではないかと思うと、恐くて言い出せない。それでとうとう行くところまで行ってしまうらしい。そういえば、数年前に九州のある大学の学生グループが大麻を栽培して売っていた事件で、捕まった学生達が当初それぞれなかなか口を割らなかったのは、「仲間を売りたくない」という仁義にこだわっていたからだと報道されている。(11)「仲間の目が神」という倫理観は、今の若者にも強固に残っているのである。

『友だち地獄』

筆者は、前の勤務大学で、学生部関係の仕事をしていたのだが、数年前、その関連の会合で、「最近の一、二年生男子が、思春期の女子のような行動をとる」という報告がなされて、その場にちょっとしたセンセーションが引き起こされたことがある。大学なので、教室が決まっているわけではないのに、四六時中同じ五、六人のグループで連れ立って教室を移動し、放課後も毎日いっしょに活動していると言うのである。大学というところは、特定のグループと顔を合わせることが制度的に強制される世界では全くない。にもかかわらず、この数人の仲間グループの中で人間関係がこじれると、深刻に悩み、「挨拶してくれない」「イジメだ」とか「退学したい」とか言い出すのである。一人で行動することや別のグループに移ることは、頭から不可能なことだと思われているのである。

そんな経験をしていた矢先、土井隆義の『友だち地獄――「空気を読む」世代のサバイバル』[12]という新書本が出た。そこには筆者たちの観察が、現代の日本の若者に一般的な傾向になっていることが書かれていた。ある中学生が作った「教室は　たとえて言えば　地雷原」という川柳に示されるように、若者たちは「きわめて注意ぶかく気を遣いあいながら、なるべく衝突を避けようと慎重に人間関係を営んでいる」[13]。そのためにかかるエネルギーがあまりに大きいために、人間関係はごく狭い範囲で固定化し、ある中学生は「グループが異なれば、県が異なるみたいだし、クラスが異なれば、国が異なるみたい」と語っているそうである。[14]

メル友の相手は、「いつも会っている友だち」が八三パーセントで、[15]「プロフ」と呼ばれるブログの利用者のほとんどは、自分のページを見ているのが「友だち」か「自分と同年代の人」と考えている。[16]すなわち、ケータイメールやブログなどは、かつて期待されていたように幅広い他者との交流のツールとなっているわけではなく、むしろ狭い人間関係をますます緊密に閉じたものにさせる機能を果たしているのである。

そして、その緊密なグループ内関係では、「場の空気を敏感に読み取り、臨機応変にふるまって人間関係をスムーズに流していけるような能力が強く求められる。それが苦手な人間は、人格的にも否定的な評価を受けやすく、学校のクラス内でも、いわゆるスクール・カーストの底辺に位置づけられてしまう。博報堂生活総合研究所の原田曜平が二〇〇二年から五年間にわたり、一〇代の若者を対象に行ってきたヒアリング調査では、好感のもてる同性のタイプを男子に聞いたところ、第一位は『他人に配慮ができる人』であるのに対し、嫌いなタイプの第一位は『場の空気が読めない人』である[17]」。

そして、「そのような関係の下で、互いの対立点がひとたび表沙汰になってしまうと、それは取り返しのつかない決定的なダメージであるかのように感じられる。『今、このグループでうまくいかないと、自分はもう終わりだ』と思ってしまう。現在の人間関係だけを絶対視してしまい、他の人間関係のあり方と比較して相対化することができないからである[18]」。したがって今日のイジメは、少数の例外を除き暴力的ではないのだが、ただ無視するだけでも、被害者当人にはしばしば自殺にまで至るストレスを与えるのである。

自殺する若者の心理は旧日本兵と変わらない

同書では、イジメを苦に自殺した若者が、近年、遺書で加害者たちへの憎しみや怒りを表現せず、むしろ自責にも似たへりくだりの言葉を並べるようになったことが指摘されている。例えば、二〇〇六年の岐阜県瑞浪市での中学生のイジメ自殺のケースでは、「本当に迷惑ばかりかけてしまったね、これで、お荷物が減るからね」という遺書があったという(19)。

これを読んで、筆者は、イジメが原因ではないのだが、一九九八年に群馬県で起きた中学生の自殺のケースを思い出した。この中学二年生の男子生徒は、教師に喫煙を注意されたとき、仲間の喫煙についてもしゃべってしまい、それを気に病んで自殺したのだった。その際遺された遺書には、「まず初めに、〝ゴメン〟まじで。今回オレのせいでみんなやべーことになっちまって。けどもうオレはぜったいみんなにめいわくかけない! なぜならオレはもうこの世から、いなくなるから!?」とか「みんな大変なのに、オレだけ楽しててごめん」とかと書かれていた。仲間から恨まれることが、死んで解決しなければならないほどストレスフルなものであり、しかも、自殺することに対する別の方向からの仲間の非難も予想に入れた上で、それを最小限に抑えるための詫びの手を打っているのである。

近年のイジメ自殺にも同様の心理を感じる。すなわち、死ぬことによって、仲間の承認を勝ち取るという動機である。イジメたことを後悔して哀しんで欲しい……だから、加害者であるはずの仲間たちを非難するどころか、心証が悪くならないように遺書で気を遣うのである。土井は、マスメディアの影響による「群発自殺」の原因について、「自殺した生徒たちを嘆き哀しみ、その短い人生を悼む周囲の人びとのすがたを目の当たりにして、ここに究極の自己承認があると誤解してしまった側面もあるのではないだろうか」と言っているが同感である。

死ぬことによる周囲からの承認というのは、旧日本兵が、「裏切り者」「卑怯者」と周囲に思われたくないとか、「立派な姿だ」と周囲に認められたいとかと思って、死に急いだ心理と同じである。近年たびたび、当時の自己犠牲が、今時の若者とは対極にある態度のように讃えられることがあるが、大間違いである。条件がそろえば、現代の若者も、戦時中の若者と同じ行動をすすんでとるだろうことは想像に難くない。

身内集団崩壊時代の身内集団道徳の害悪

これらすべてに共通していたのが身内集団原理の倫理だった。「仲間を裏切るな、見捨てるな」「仲間以外のことは考えなくていい」という倫理である。身内集団の外は「食うか食われるか」であり、「誰かのトクの裏には、別の誰かのソンがある」という発想である。この、集団内部へのひたむきさと集団外部へのニヒリズムの振り分け的同居が、日本近現代史を貫く今見たような根本病理を生み出してきたわけである。このようなメカニズムがあるかぎり、集団が狂った方向に走り出した時、たとえ集団のメンバー全員が本心では正気を取り戻し、「集団の外から見たらはた迷惑な愚行をやっているな」と気付いていても、それを口に出すことは「裏切り者」扱いされて身を滅ぼすことにつながるから言い出せない。

結局、行くところまで行って最後にみんなで大ダメージを受ける結末になる。ことそこに至れば、そうなる前に「裏切り者」扱いされて若干不利益を受けるぐらいですんだ方が、よっぽどマシだったとわかるわけだが、もはや後の祭りなのである。

なるほどこれまで現実に身内集団原理が中心的な経済社会システムとして機能していた以上は、たまにはそのメカニズムが暴走して痛ましい事件が起こってしまうのも必要悪だったかもしれない。しかし先述したとおり、今、身内集団は急速に解体している。市場化・グローバル化の中で企業共同体、企業集団、国家の枠組み等、みんな崩れている。このままでは、バラバラの他人どうしとなった人々が、せいぜい数人規模の集団に分かれて、互いに配慮無用で、食った食われたと傷つけあう世の中になるだろう。

それゆえ今こそ、「見知らぬ他人にも誠実に」「取り引きすればみんなのトク」「人間はだいたいは善良」といった開放個人主義社会の発想に転換する必要があるのである。身内集団原理のシステムが現実に崩れているのに、開放個人主義原理の倫理や価値観がまだ身につかない間、社会は殺伐としたすさんだ時代を経過することになるのである。

身内集団道徳が「派遣切り」をもたらす

ところで、近年雇用の非正社員化が急速に進む中で、いわゆる格差問題や、非正社員の貧困問題がクローズアップされてきた。特に、労働内容が正社員と同じなのに、賃金や保障などの待遇で大きな格差があることがよく問題視されている。さらに今日、リーマン破綻後の世界恐慌の中で、またたくまに大量の非正社員が切り捨てられて大きな社会問題となっている。

しかし、日本企業にはもともとこのような格差構造があったのである。それは、「正社員＝身内／非正社員＝よそ者」という図式があったからである。この中で、身内の目ばかり気にして外部を配慮しない身内集団倫理が適用されると、平気で非正社員にすべての犠牲がしわ寄せされることになってしまう。

しかし、平成不況以降、正社員削減策で非正社員が総雇用の三分の一を超え、実態としてはもはや外部とは言えない位置を占めるようになってもなお、このような図式が生き続けている。そのために、これまでなら倫理に外れているとは見なされなかった行動が、社会的指弾を受けるような大問題になっているのである。

しかも今日、「よそ者」化しているのは、非正社員ばかりではない。れっきとした正社員であっても、年功序列が崩れて、成果給や年俸給が導入され、いつ解雇されるかわからない存在になりつつある。大企業でも、中小企業でも、終身雇用にこだわらないとする企業が増え、平成不況時代に吹き荒れた正社員のリストラ解雇が、今日また大々的に再現されようとしている。

つまり、今や企業経営者にとっての「身内」の範囲は、自分自身の周辺の少数者にきり縮められており、たとえ正社員であってももはや賃金契約で働かせている「よそ者」にすぎなくなっているのである。そこに、旧来の身内集団倫理が適用されれば、正社員であっても企業の都合のいいように道具のように扱われる存在になるのは当然の帰結である。

しかし、そもそも資本主義経済というものは、労働力を商品として売買することで成り立っているものではなかったか。これまでだって、法律上は「社員」というのは出資者を指す用語であって従業員のことではない。従来の日本的経営が従業員を内部メンバー扱いしていたのはただの慣行にすぎない。表立った制度の上では、もともと従業員というものはすべて、企業にとっては外にある労働力売買の取引相手にすぎなかったはずなのである。今日は、その制度の本来の建前に、現実が合わせるようになっているだけなのである。

それだから、外部者なら冷たく扱っていいんだという発想自体がそもそも間違っていたのである。日本型雇用慣行などなく、労働者を労働力の取引相手とみなす国でも、日本よりずっと高い労働者の権利が保障されているところはいくらでもある。それが労働者階級の長年にわたる闘いの成果だというのは事実だが、それだけではない。

従業員が労働力取引の相手と言うならば、顧客や仕入れ先と同じである。不誠実なことをしたことが評判になれば、良い取引に応じてくれる人を見つけるのが困難になる。それよりは、顧客や仕入れ先の場合と同じく、気持ちよく取引に応じてもらって、お互い相手のためになるよう最善を尽くすならば、長い目で見てお互い大きな利益をそこから引き出すことができるだろう。すなわち、正社員であれ非正社員であれ、従業員は今や経営にとって他者になってしまっているのが現実かもしれないが、他者だからこそ、信頼を裏切らないよう気を遣って誠実に扱うことが必要な時代になったのである。

Part 2

江戸時代の商人道

第1部では、これまでの日本のメジャーな倫理観や価値観が、身内集団原理に合致したものであったことを見た。そして、身内集団原理の社会システムが崩れて開放個人主義的システムに変わっているのに、倫理観や価値観が身内集団原理にあったもののままであることから、様々な社会問題の深刻化が説明できることを論じた。

では、倫理観や価値観を、開放個人主義原理に合致したものに変えることなどできるのだろうか。身内集団原理に合致した倫理観や価値観は、日本人の文化的宿命のようなものではないのだろうか。

そうではない。ここでは、開放個人主義社会にふさわしい倫理体系が、かつて日本でも立派に存在し機能していたことを論じる。それは、江戸時代の「商人道」である。ここでは、特にその中でも体系化されていた石田梅岩の思想をまず取り上げ、そして近江商人の商人道と江戸時代の商家の家訓に残された商人道思想を紹介する。

第三章　石田梅岩の商人道

1　背　景――封建制下の市場経済の発展と既存道徳との矛盾

日本にもあった開放個人主義的倫理観

さて、これまでのところで、日本では倫理観などの価値観の中心を、従来の身内集団原理にふさわしいものから、開放個人主義原理にふさわしいものに転換しなければならない、ということを見てきた。日本型雇用慣行の崩壊や株式持ち合いの解消、規制緩和、グローバル化といった圧倒的現実は、身内集団原理から市場原理への経済システムの転換という全世界的な傾向のまっただ中に、この日本も逃れられないでいることを示している。こうして現実の身内集団システムが崩れているのに、倫理観などの価値観がその変化についていかずに旧態依然としたままギャップが広がっていくと、世の中は人々が互いに傷つけあう修羅場になってしまう。

しかしここまで読んでいただいた読者の中には、開放個人主義原理の倫理観への転換が必要という理屈自体は理解しても、その実現可能性に疑問を持つかたも多いのではないだろうか。筆者は、身内集団原理に基づくシステムが崩れている現実を前提して、倫理観もそれにあわせて変わらなければならないと言いたいがために、これまでの日本社会における人々の振る舞いが、身内集団原理にぴったりつじつまがあったものとして、実にうまく合理的に説明できることを示してきた。しかしこの説明に成功すればするほど、読者の中にはそれだけますます価値観を転換することに絶望的になるかたも出てくるかもしれない。もしそうならば、それは筆者の本意ではない。

これからメジャーになるべき開放個人主義原理の倫理観は、何にもないところにゼロから作り出さなければならないものなのではない。まるまる外国から輸入しなければならないものでもない。すべての時代のすべての場所の社会の中に、身内集団原理と開放個人主義原理は矛盾しながら共に存在している。その時代と場所に応じて、どちらかがメジャーになるが、メジャーでない方の原理もなくなってしまうわけではなくて、マイナーに抑えられながらも存続し続けるものなのである。

日本においても、開放個人主義原理の倫理観は、江戸時代には間違いなく立派に存在していた。「**商人道**」こそがそれである。それは、明治維新以降の独特の倫理体系の仕組みのもとで押さえ付けられてしまったが、絶滅したわけではなかった。そしてそれが、戦後の成長と経済繁栄を支えるひとつのエートス（無意識の内心の動因）として引き継がれてきたのである。私達はそれを自覚してメジャーな位置に広げるだけでよい。

関西経済同友会が二〇〇七年に「上方発企業の社会貢献宣言」を発表している。そこでは、このあと見ていく、石田梅岩思想や近江商人道、その他の江戸期の商家の家訓が取り上げられている。以下本書第2部では、これらの商人道倫理が、いかに開放個人主義倫理の特徴を持っていたかに着目して見ていく。

江戸時代の「プロテスタンティズム」——石田梅岩思想

開放個人主義原理に基づく社会システムは、市場システムとして、これまでの人類史で常に社会のどこかに存在してきたが、市場システムがメジャーに全面化したのは資本主義経済が初めてである。そしてその資本主義経済というものは、昔々、封建体制のまっただ中で、下から少しずつ育っていったものだった。世界で最初に資本主義化した西ヨーロッパでも、それは中世の封建体制の支配のもとで、最初はマイナーな商工業市場経済システムとして下から勃興していったのである。そしてこの幼い資本主義経済が発展していくにつれて、それにふさわしい開放個人主義原理の倫理観もまた、その経済の担い手たるブルジョワジー（商工業者）の間に広がっていくことになる。

その典型が言うまでもなく「プロテスタンティズムの倫理」である。宗教改革の結果、中世カトリック教会の権威を否定して広がった新しいキリスト教である。「初期資本主義経済が先でプロテスタンティズムがその結果」とする唯物史観か、「プロテスタンティズムが先で資本主義経済がその結果」とするマックス・ウェーバーのテーゼかという論争は、この際どうでもいい。ともかく重要なのは、この、宗教倫理と経済システムの両者が、ぴったりと噛み合って対応しているという点である。従来の封建体制を支えてきた倫理観が、ジェイコブスの言う「統治の倫理」だったのに対して、プロテスタンティズムこそは、彼女の掲げる「市場の倫理」の各項目がほとんどあてはまるものである。典型例として、プロテスタンティズムが世俗化したものとしてウェーバーが描いている、ベンジャミン・フランクリンの道徳教義を見てみればよい。わけへだてのない正直さ、勤勉と節約、創意工夫。これぞ開放個人主義原理の道徳観の見本というべき徳目が並んでいる。

ところが、これとほとんど同じことを、江戸時代まっただ中の日本で唱えていた思想家がいた。**石田梅岩**である。

最近、平田雅彦の『企業倫理とは何か——石田梅岩に学ぶCSRの精神』(PHP新書)をはじめ、石田梅岩のわかりやすい解説書がいくつか出版されている。筆者も従前から石田梅岩の存在を知って、加藤周一訳の梅岩の著書(1)などを読み、その内容に驚愕してきた。いくつもの紹介書が出た後となっては、二番煎じ三番煎じのような気もするが、ここでその思想を筆者なりに簡単に解説しておこう。

石田梅岩(一六八五—一七四四)は、今の京都府亀山市にあたる農村に生まれ、京都に出て商家に奉公した。そして、仕事の傍ら独学を続けたが、四〇歳を前に小栗了雲に師事、四三歳で退職し、翌年師匠の死後、京都の町中で聴講無料の私塾を開く。講釈の相手は商人をはじめとする町民で、最初は一人を相手に講義する日々もあったが、やがて聴衆も増え、大坂、河内、和泉に出張するようにもなった。晩年は弟子も多くなり、その流れは「石門心学」として関西地方の商人層に長く大きな影響を与えた。

武士道における商業活動の位置付け

梅岩以前の公式倫理は当然ながら「**武士道**」である。江戸幕藩体制の都合に合わせて儒教を発展させてできた、典型的な身内集団原理の倫理である。私見では、その最たる純粋形が、佐賀鍋島藩士の間で一種の秘教集団の形で読みつがれた『葉隠』だろう。「武士道と言ふは死ぬことと見つけたり」という有名な語はその一句である。その教義では、釈迦も孔子も楠正成も武田信玄もかつて鍋島家に奉公したことのない以上は崇敬しなくていいとされている。[2]鍋島藩主には累代、悪人も愚者もないので、日本一不思議な家系だと自賛している。[3]京都の愛宕神社（武運の神）に参拝したいと望む者を鍋島茂賢が叱り飛ばし、愛宕権現が現われればまっ二つに叩き切って、鍋島家の先手を勤めるべきだと言ったというエピソードも載っている。[4]武士にとって「芸は身を滅ぼす」[5]とされ、学問も戒められている。[6]武士道とは「死に狂い」だから、分別があってはいけないからである。[7]藩と藩主に対しては常時命を捨てる覚悟での無条件の奉仕を求め、藩の外のことはたとえ釈迦や孔子や愛宕の神であっても眼中に入れてはならないというわけである。

そのような身内集団原理の武士道の発想では、外には利己、内へは利他と振り分けを徹底し、「トクの裏にはソンがある」とみなすことになるから、利潤をあげるという行為は買い手を食い物にする行為というふうに見える。だから、商人というものは、同胞に対して不善を働くことをなりわいにして生きている、義を知らない卑しいやからということになる。実際、梅岩以前の儒教道徳では、商人はそのようにみなされて、さんざんおとしめられてきた。「士農工商」と一番下位に置かれているのもその現れである。市場の需給法則で価格が上がることも、消費者の弱味につけこんで利益をむさぼるために、商人がわざとコントロールしてやっていることに違いないと邪推されてきた。

江戸中期における初期資本主義経済の発展

ところが、江戸時代も中期になると、初期資本主義経済が大きく発展し、それなしには世の中が一時もまわらない重大な社会システムに育っていた[8]。たしかに、社会の根幹は依然として封建制であり、それは農民から領主が年貢米を現物で取り立てる貢納システムによって成り立っていた。これ自体は市場システムではない。交換なき一方的な取り立てである。しかし、領主とその家臣団は、取り立てた年貢の現物をそのまま消費して生活していたわけではなかった。武士はもともと農村の現地経営者だったはずだが、江戸時代には領主の家臣団として城下町に住まわされた。おまけに参勤交代によって、領主またはその家族とそれに仕える膨大な家臣団が、常時江戸住まいすることになった。都市住民となった彼らは、貨幣で消費財を買って生活するしかない。よって、彼らは徴集した年貢米を販売して貨幣に換えて生活することになる。

特に、全国の大名は大坂に蔵屋敷を作り、そこで商人に年貢米を売った。換金した貨幣を大名屋敷のある江戸に送るので、東海道間で為替が発達し、しかも本位金属が関西は銀、江戸は金と異なるので、レートの変動する為替市場まで発達した。そのシステムは今日の先進国水準に達していたとも言われる。大名と家臣団の消費だけでなく、相次ぐ天下普請と大火による建設需要も加わって江戸は一大消費地となり、一方、北前船などで蝦夷地も含む各地からの物産が大坂に集まって、全国が一大市場の中に結ばれていった。江戸百万、大坂三五万、京都三〇万はじめ、全国で都市人口が増大し、多くの人が直接に商工業市場経済の中で暮らすようになっていた。

そのような中でも、石田梅岩が活躍した近畿一円は、初期資本主義経済が特に発展していたところである。大坂が全国に物産を送りだす「天下の台所」だっただけではない。農村部では木綿や菜種などの商品作物の作付けが広く行われ、それを加工する一貫産業を担う、在郷町と呼ばれる中小手工業都市が多く生まれていた。もともと京都には伝統的な手工業があったし、各地で造り酒屋などのマニュファクチャーが登場していた。

2　開放個人主義倫理としての石田梅岩の商人道

取引はみんなのトク、商行為は善行

このような時代状況を背景にして、石田梅岩が登場したのである。したがってその主張で目を引くのは、まず、商取引と利潤の、正当性の主張である。

梅岩の著書『都鄙問答』は、仮想の論敵の質問や批判に著者が応答する形式で書かれている。その「巻の二」には、「或学者、商人の学問をそしるの段」という章があり、おそらくその当時の儒学者には常識だっただろう商人への偏見を取り上げては論破してみせている。すなわち、そこでの仮想論敵は、商人はどん欲で、常日頃人をだまして利益を得るのを仕事にしているものと主張している。[9]梅岩はそれに答える形で、商人が利益を得るのは、武士が奉禄を得るのと同じであり、奉禄を受けることを欲心の表れで道に背くなどと言ったら孔子も孟子もこの世に道を知るものはいなくなると言っている。[10]

そして、この世に取引がなければ、すべての人が苦労するのであり、商人が売買するのは世の中の助けになる、商人が呼ばれればでかけていくのは、役目に応じていくのであり、欲心ということではないと言っている。[11]そして、「正しい人は、損になってもまけてこの品物を売りましょうと言われるときには、買いません。こちらが買うのは相手に利益を得させるためです[12]」と述べている。

また、『石田先生語録』には、

「天下の人（世の中の人々）はわが俸禄のあるじにあらずや。武士は俸禄の君に命をすつ。商人のわが俸禄のあるじ（すなわち、世の中の人々）の心を知らば俸禄のあるじ天下の人も心（自分と）同じきゆえに一銭を惜しむ心を知りて、そのかわりに売り渡す代物を大事にかけて少しもそそうにせずして売り渡さば買人の惜む心をおのずから止まん。…かくのごとくして富至ること山のごとくに至るといえども欲心とは言うべからず。[13]」

とある。すなわち、商取引それ自体を他者のためにつくす善行と考えているのである。武士が君主につくすように、商人は天下の人々につくす。そうして天下の人々のために役に立ったから、その役立った人々から報酬をいただく。武士が奉禄をもらって君主に仕えることを善行とみなしているのに、なぜ商人が人々につくして利益を得ることばかりが責められるのかというわけである。

『都鄙問答』の先程の箇所のあとで梅岩は、ごまかしで利益をあげたり賄賂を贈ったりする商人を批判して、世の中には、「商人のように見えて盗人あり」と言った上で、

「まことの商人は先も立ち、我も立つことを思うなり。（本当の商人は相手方もたちゆき、自分もたちゆくようなことを考える。）[14]」

としている。

これら一連の叙述から見て取れるのは、「トクの裏にはソンがある」とする発想の否定である。相手を食い物にする取引を強く批判した上で、本来の取引は当事者みんながトクをするものである

とみなしているのである。

そして、価格変動が買い手をだまそうとする不義のあらわれだとみなす見解に反論して、相場の上がるときに商人が強気になり、下がる時に弱気になるのは、天が決めたこと（「天ノナス所」）で、商人が自分勝手に決めたことではない、法則を無視して自分勝手なことはできないと言っている。[15]

まさに「神の見えざる手」である！

商人は正直に思われ、警戒心をもたれないときに成功する

開放個人主義原理の中心倫理は「他人への誠実」であった。「正直」こそがその眼目である。石田梅岩も、いたるところで「正直」を説いている。『都鄙問答』の先述の段から加藤周一の現代訳で一部引用しよう。

「たばこ入れ一つ、きせる一本買っても、品物の善悪ははっきりしているのに、いろいろと言いくるめようとするのはよくない商人です。ありのままに言うのがよい商人です。自分に他人の誠実・不誠実がわかるように、自分の誠実・不誠実も他人にわかるということを、知らない人が多い。『大学』にも、『他人は自分の内心まで見ぬくものだ』（伝六章）と言います。この道理を心得ていれば、言葉を飾らずありのままに言うので、正直者だと人に思われ、なんでも任せて頼まれるから、苦労もなしに他人の二倍も売ることができます。商人は正直に思われ、警戒心をもたれないときに成功するのです。[16]」

また、次のようにも言っている。

「買ってもらう人に自分が養われていると考え、相手を大切にして正直にすれば、たいていの場合に買い手の満足が得られます。買い手が満足をするように、身を入れて努力すれば、暮らしの心配もなくなるでしょう。[17]」

逆に、不正直なことをしてもうけようとすると、必ずしっぺ返しがきて、身を滅ぼす結果になると、あちこちで何度も警告している。

また、『石田先生語録』では、子供のしつけのしかたについて説いている部分があり、「幼少の時より人にいつわり言うことを堅くいましめて、かりそめのことにてもうそをつかばこれを大いにいましむべし[18]」と言っている。

ついでながら、この部分では、人には勇気が必要だと子供に説くべきだとするくだりがあるのだが、「人に対して一切のことについて人に勝ってわが心に楽しむ心あらばこれは匹夫の勇というものにて、人たる者の勇気にあらず。甚だいやしく犬猫の勇気に同じ」と断じ、人に負けることを耐え忍ぶことを大勇と言うのだとしている。たしかにこれは商売をする上で必要な資質であるが、「武士道」とはだいぶ違う点だろう。

普遍性公平性の追求

ところで、正直さを求めることは、すなわち公正さ、わけへだてのなさを求めることである。梅岩の『斉家論』では、正直が行われれば世間が一同に和合し、「四海のうちみな兄弟のごとし」と言っている。[19] これはもとは『論語』に出てくる表現だが、世界中の人々が兄弟のようになるということで、それほどの普遍性、わけへだてのなさを希求しているわけである。裏を返せば、えこひいきはいけないということである。『都鄙問答』の先述の段では、武士がお礼の金を受け取って事を取りはからうことは、必ずえこひいきの処置を取ることになるからいけないと言っている。そんなことをするのは盗人であって武士でないと言う。[20] もっとも実際の武士道では、恩義のある者に特に好意で返すのはかえって正義にかなったことのはずで、この部分の主張は武士でもない梅岩の勝手な願望なのだろうが。

また『都鄙問答』の「巻の二」の「鬼神を遠ざくということを問うの段」では、神に願掛けをする行為を批判して次のように言う。

「誰にも差別をしないのが神である。一方には悪くても、他方に良いようにして、そういう願いを承知するならば、えこひいきということになりましょう。…神の心は、何でも映す鏡のように、ひいきや不公平をいうことはありません。それなのに願いが成就すると神が聞きいれたのだと言い、ほかの人がこれを聞いて、だれそれはどういう捧げものをしたからその願いがかなえられたのだ、と言う。そういう評判をたてるのは、つまるところ、神明を賄賂をとる神々として扱い、けがすことであって、まことに情けないことではないですか。」(加藤周一訳)[21]

伝統的日本文化の中での神々は、自分の担当集団である村や氏や職能集団などを、それこそえこひいきして守護するのが当然とされているものである。梅岩のこの文章の中に出てくる「神」はとても日本的な八百万の神という気がしない。まるでキリスト教の神のことを言っているような感じがする。そのくらい、旧来の価値観と比べたら画期的に、えこひいきなき公正を求めるスタンスをとっているのである。

さらに不公正を避けることをつきつめたならば、様々な決定を個々人の恣意にゆだねることをやめることで、えこひいきや気ままにひきずられることのない客観性を確保しようという志向に行き着く。これが近代立憲主義につながる精神になる。

もちろん、梅岩はそんな大それた政治思想などみじんも持っていないが、商家経営のレベルの話ならば、商家主人の独断をいましめて幹部の合議を説いている。しかも、それでも決まらない時は従業員の総会で自由に議論させて投票しろ、「たとひ主人たりとも非を理に曲ぐる事あらば少しも容赦致さず」、従業員みんなで意見しても聞き入れないわがままな主人は隠居させてあてがい扶持にしろ、などと激しいことを公然と掲げている。(22)

当主の強制隠居は、後述の通り商家では普通のルールだし、旗本、大名にも事例がある。しかし、従業員の総会で投票でものごとを決める発想は、当時はほかにはなかったのではないだろうか。

すべての個人の尊厳とボランティア精神

もちろん石田梅岩も、儒教を素材にして思想形成している以上は、親への孝はゆるがせにできない重大な徳目だということを決して疑ったことはない。だが、そのことが身内への特別扱いや他人への冷淡につながることはなかった。

『都鄙問答』の「巻の四」に、「或人、主人行状の是非を問うの段」という章がある。ウチの雇用主は変わり者で困るという商家の使用人の批判に、著者が論駁していく話である。その中でこの使用人は、昨年の大飢饉の際に主人が、親類や現旧の手代にコメを買うための資金を貸して、翌年ただちにその金を取りかえそうとすると訴えている。しかも、利息を払うから借りておきたいと言う者があっても聞き入れず、利息も取らずにすぐに取りかえすという。そうかと思えば、臨時の雇い人など、親しい交わりのない者には、多くのコメを与えては、返してもらうことを考えないとなげいている。この仮想対立者に対して、梅岩は、それはすばらしい人格の主人だとほめて反論しているのである。

つまり、誰かが困った時は手助けするべきだが、たとえ親類や子飼いであってもその限度はゆるがせにしてはならず、逆に親しくない他人であっても力を出し惜しんではならないというわけである。「身内には無限の奉仕、外部には無視」とする身内集団原理とは、全く対極にある発想だと言えよう。

この仮想対立者の主人は、「しらみの皮を何枚にも薄くはぐ、というほど金銭にこまかい」のに、親しくもない人に米穀を与えて誰も礼にこなくても、「物を与えるのは礼をうけるためではない。当然のことだ」と意に介さないとされている。梅岩はこれを受けて、金銀は人を救い助ける役割を持つ天下のための宝だと言い、ここでてでてくる主人の行為をさして、「聖人でさえこれ以上はできないか」と絶賛するのである。[23]

この部分には、「人は貴賤に限らずことごとく天の霊なり。貧窮の人といえども、一人飢えるときは、直に天の霊を絶つに同じ」という言葉まででてくる。平田雅彦はこれを人権宣言になぞらえている。[24] 筆者もそう思う。同じ主旨の言葉では、梅岩は『斉家論』で、「天より生民（＝人民）を降すなれば、万民はことごとく天の子なり、故に人は一箇の小天地なり」と言っている。[25]

梅岩の救貧主張は、すべての個人を尊重するこのような人間観からきているわけだから、同胞だから助けるというような身内集団原理の救貧観とは違う。身内集団原理からは偽善視されかねない一種の博愛思想であり、近代的ボランティアに通じる。実際、梅岩とその弟子達は、飢饉や災害に際して、積極的にボランティア活動を行っている。平田雅彦の紹介するところによれば、不作で京都市中の米価が高騰した時、梅岩は門人達に困窮者の調査をさせ、悲惨な状態にあることをつかむと、門人達と三、四人ずつにわかれて貧困者達にお金を施与して歩いた。これが町で反響を呼び、これを見習って市中のあちこちに施行の姿がみられるようになった。また、京都の下岡崎村で大火事があったときには、梅岩は冬の寒い夜中、すぐに門人達を呼び集めて飯を炊いて握り飯を作り、現地に行って被災者に分かち与えたと言う。

梅岩死後も弟子達の間でこの伝統は引き継がれ、一八五〇年に中国筋一帯が風水害に見舞われて大量の難民が大坂、京都に流れ込んだ時、梅岩門下の人々が組織的に救済計画を作り、地区分担を決め、人員と米高を割り当てて、奉行所や豪商にも働きかけ、京都の一万六千人の被災民を三五〇日にわたって救済するという大事業を成し遂げた。このかん、京都の豪商達は金高一万両を超える拠出を続々と行い、門下生達の活躍に応えたのだった。[26]

倹約はそれ自体善

さて、ウェーバーによれば、「プロテスタンティズムの倫理」が「資本主義の精神」につながった眼目は、節約と勤労のエートスであった。そしてこれこそ、石田梅岩が最も口を酸っぱくして説いていることでもある。

梅岩が倹約を説いている部分は、あまりに多すぎてかえって取り上げるのに苦労する。たとえば、先の「或人、主人行状の是非を問うの段」では、仮想対立者が、ウチの主人は金銀を貯めてその番をするばかりで何も使わないから貧乏人と同じだ、着るものも並外れた安物ばかりで、勘定が細かく金を集めることを好み、出費を嫌い、親類への祝い事の贈り物は減らし、法事も減らし、そのとき食事に招く僧も減らし、寺社への寄付は嫌う等々と、あれこれ愚痴を言うのに反論して、梅岩はそれらの行状のいちいちに感心し正当化している。[27]しかしこの使用人の話に出てくる主人は、先述の通り、困った多くの人にコメを与えて返済をあてにしないぐらいだから、決して私利私欲にこだわるケチなのではない。寺社の建物のための寄付は出さないのに、[28]寺へのほどこしは増やすとされている。[29]後者は慈善に使われるからである。

もちろん何の見返りもない苦行として節約を説いているわけではない。「或学者、商人の学問をそしるの段」では、倹約してコストを下げて、さらに利潤も削ることで、売り値を下げれば、値段が高いと非難される心配がなくて安心だと言っている。贅沢をやめて、道具に凝らず、遊興もやめ、家屋を道楽で工事したりしなければ、利潤を減らしてもやっていけるというわけである。[30] 長い目で見た事業の存続のためには、生産コストも生活費も倹約した方がいいと言うのだ。

しかし梅岩の倹約論は、そのような長い目で見た自己利益のためだけに言われているわけでもない。それ自体が社会のためになる善行と考えているのである。『都鄙問答』の「巻の一」の「商人の道を問うの段」はじめ、あちこちでよくお手本として引き合いに出されている例が、鎌倉時代の評定衆、青砥藤綱が、川に落とした十銭を、五十銭出して人夫を雇って探し出した逸話である。青砥個人にとっては倹約どころではない。かえって出費がかさむ行為である。しかしこれが梅岩に言わせれば倹約の手本なのである。[31]『石田先生語録』の冒頭がまさに倹約の話なのだが、その言葉は、倹約というのは世間で言われているのと異なり、自分のためにものをケチることではない、世の中のために三つ要るものを二つですむようにさせることだと言って始まる。[32] 私利私欲のためではなく、社会全体のために、各自が無駄な費やしを省いていくべきだとしているのである。

逆に言えば奢侈は悪徳であり、しかも必ず身を滅ぼすとされている。『都鄙問答』の「或人、主人行状の是非を問うの段」では、平清盛や北条高時、秦の始皇帝が、「奢るもの久しからず」の例にあげられている。[33]「巻の二」の「或人、親に仕えることを問うの段」には、天は贅沢者を許さない、

という言葉が出てくる。(34)

日々の勤労の中に「道」がある

ところでこの章は放蕩息子を批判している章なのだが、そこでは、商家の主人の息子が仕事をせずに遊興や習い事にふけっていることがきつくたしなめられている。すなわち、「倹約」とセットになって強調されている徳目が「勤勉」なのである。平田雅彦が、梅岩の勤勉観の典型として引用しているのは、『都鄙問答』の冒頭、「都鄙問答の段」の一節である。田舎から出てきた百姓という設定の仮想質問者が、礼儀作法を細かく覚えて守るなど自分にはできないから、正しい道を実行するのは無理だと言うのに対して、梅岩は、正しい道の実行というのは礼儀の形式のことではない、と答えている。朝暗いうちから畑に出て星が出てから帰宅し、自ら苦労して人を使い、春は耕し、夏は草取り、ひと粒でも多く収穫しようと一生懸命努力することが、そのまま正しい道の実行なのだと言う。(35)

ここでも、勤労が、何らかの私利私欲を満たすための手段としてだけ位置付けられているわけではない。勤労それ自体がなすべき善行ととらえられているのである。宗教的儀礼行為をすることが天の道にかなったことなのではなく、日々のちまちました勤労にはげむことが天の道にかなったことなのだと言っているのだ。『プロテスタンティズムの倫理と資本主義の精神』によれば、カトリックにとっての救いが個々の功徳を積み上げることによって得られるのに対して、プロテスタントの場合はそれは救いとは関係がない。善行をすれば見返りとして救われるというようなものではなく、救いはただ神意でのみ決まる。人は神からの使命たる職業につくすことで、自分で自分の救いの確信を作り出すのだ、とされている。まさにこの発想に通じるものを、この梅岩の文章には感じる。

梅岩はまた同様に、「或人、主人行状の是非を問うの段」で、仮想対立者の主人が寺社の建物などへの寄付を嫌っていることを擁護している。その中で、好い生まれ変わりを期待する私欲のために寺社に寄付することは「不義」だと言い、次のように述べている。

「あなたの主人の正しい心があれば、そういう不義には味方しないでしょう。寄付を嫌うのではなく、ただ不義にくみしないというだけのことにすぎません。死後何に生まれかわるだろうという心はあるはずがない。今日正しいことを行い、明日のことは天命に任せる気持ちだろうとおもいます。…生まれてくるのも天に任せ、死ぬこともまた天に任せる。その間に自分の思惑を入れないことです。」（加藤周一訳[36]）

旧来の身内集団倫理を乗り越え、人権倫理だとか、企業の社会的責任だとか、ボランティアだとかと、多くが欧米由来の開放個人主義原理の倫理を採用すべきことを説くと、日本では必ず、「欧米ではキリスト教があるから成り立ったが、日本ではあてはまらない」という反発が返ってくる。もしそれが本当ならば、明日にでもみんな洗礼を受けるべきだというだけの話である。しかし実はそうではない。石田梅岩のこれらの文章を読むと、ヨーロッパでも日本でも、同じ経済条件に直面して同じ課題に迫られたならば、人間同じような解決を考えだすものだという感慨がわく。知的、倫理的怠慢を正当化するために、宗教や文化を切り札のように持ち出すべきではない。

3　武士階級との共存と妥協

武士には武士の倫理、商人には商人の倫理

もちろん、石田梅岩も江戸時代の真ん中の人である。いかに人はみな天の子とは言いながらも、身分制秩序を否定したわけではなく、かえって積極的に支持している。武士は武士として存在して人の上に立っていて当然と考えている。武士には武士の倫理があるように、商人には商人の倫理があるのだから、それを認めろというスタンスなだけである。だから、梅岩に言わせれば、人の道に違いがあるわけではなくてどれも根本は同じなのだが、ものが違えば法則が違うように、身分や立場が違えば倫理の現れ方も違ってくる。それを混同して適用してはならないと言っているのだ。

「一般的に言えば道は一つである。しかし、士・農・工・商それぞれの道があります。商人は申すまでもなく、士・農・工・商のほか乞食までそれにはそれの道があります。」（加藤周一訳）

そして、「飢えても死んでも盗まないのが乞食の道」だとして、それぞれの道をふみはずす者を「乞食」に劣る者だと言っている。(37)

また、武士は世の中を治めるのが役割で、僧侶は心のけがれを取るのが役割である。すると罪人を殺さなければ武士は政治ができないが、僧侶は殺生を禁じた戒律を守らなければならない。たと

え罪人でも弟子にしようと支配者からもらいうけ、命を助けたいと思うのが僧侶だ。しかし政治を執る者が死罪の罪に情けをかけると世の中に害がある。身分の違う者に適用される原則を、混同して使ってはならない。このように言っている。[38]だから、梅岩自身、忠孝を倫理の基本においており、従来の武士道と根本で対立することを説いている自覚はなかった。

梅岩思想の武士への浸透と衰退

そういうわけで、現存封建体制を受け入れて、身分に応じた分を守って、本分の仕事にはげむべきことを説くのだから、支配者側にとって好都合な思想である側面があったことは間違いない。梅岩死後、その思想を引き継ぐ「心学」教団は組織化を進めて急速に膨れ上がり、関西一円のみならず、江戸にも普及しはじめる。この過程で門徒は、町民のみならず、農民にも広がり、さらに武士階級にも浸透していく。

やがて松平定信の信頼を得て幕閣や大名に入門者が現われ、その庇護のもと幕府の庶民教化政策の一環を担うようになって、ついに心学は全国三四藩、一八〇カ所に講舎を持つ最盛期を迎えるようになる。[39]

しかし、平田雅彦によれば、この繁栄の原因が凋落の原因にもなった。武士階級にも普及した心学は商人のための教養の側面が薄れ、封建体制の御用学問の側面が強くなってしまったからである。[40]

宮本又次の古典的研究書『近世商人意識の研究[41]』でも、この変質が手厳しく評価されている。旧字体を新字体に改めて引用する。

「しかしかく普及すると共に、梅岩の意図せる商人蔑視に対する反駁、営利蓄財思想の論理づけは次第に影をうすくし、本末転倒、『聖人の道』が眼目となり、遂には神儒仏の三教を混同し、通俗化し、一つの宗教的形態をすら具へるに至つた。而してこれと共に嘗ては幾分微温的妥協的ではあつたが、一応は町人・商人精神を代表せし心学も次第に御用学的な反動思想に転化した。…之は心学イデオローグ達の啓蒙より教化への転向として理解出来る。啓蒙とは現実性を喪失した伝統からの個人の解放であり、教化とは矛盾を孕んだ伝統からの逸脱を余儀なくされた個人を説得してその矛盾に妥協せしめることである。教化の役割を引受けた心学者は仮令町人出身であらうとも既に支配者側のロボットになつてゐたのである。[42]」

平田雅彦の石田梅岩紹介書では、梅岩思想が旧来の武士階級のための道徳との激しい対抗の中で形成されたことも、それが武士階級の原則への妥協によって生気を失っていったことも、正確に描写されている。にもかかわらずこの本で平田は、最近の武士道ブームに肯定的に言及してしまっている。[43] これは、近年の企業不祥事など混乱状況が、武士道型倫理観の根強い残存による倫理不適合によって起こっていることを、平田がとらえそこなっているからである。現状を、倫理一般を失った利益一辺倒によって生じてしまったものととらえ、それに対して武士道や商人道の倫理を持ち出してバランスをとろうとする図式になっているのである。しかし、安岡重明、瀬岡誠、藤田貞一郎は、梅岩以前の三井高房の商業規範書が、依然として営利と仁義のバランス論になっていることを例にとり、このような折衷を乗り越えて、商業活動自体を倫理的に積極的に肯定したところに梅岩思想の飛躍点を見ている。[44]だからここで、「武士道＋商人道」と梅岩思想も旧来道徳と合わせてひとくくりにして持ち出すことは、梅岩思想の本質を損なうものではないか。

　ただの倫理不在ならば、心がけを説けばいいのだから簡単である。現状が深刻なのは、多くの人が慣れた倫理体系が経済的現実に合わなくなっているためである。ここで武士道を持ち出すと、現実にあわない旧来の倫理を強化して困難を助長してしまう。

　これから必要なのは旧来の武士道型の倫理とは全く異質な普遍主義的な倫理観なのだが、日本社会の中でもそのような倫理観が商人道として立派に存立できていたことを確認することにこそ、石田梅岩を説く意義があるのだと思う。

第四章　近江商人の商人道

1　近江商人の活躍

「持下り商い」から「諸国産物廻し」へ

近江商人とは、主に現在の滋賀県の湖東地方や琵琶湖北東岸を拠点として、江戸時代から明治時代にかけて、全国を股にかけて活躍した商人をさす。始まりは、天秤棒をかついで上方商品を地方に売り歩き、帰途地方の商品を仕入れて上方で売る、「持下《もちくだ》り商い」と呼ばれる行商であった。やがて全国に支店を展開し、大規模な運送を利用して、蝦夷地から清国までの物産を商う「諸国産物廻し」と呼ばれる大事業に発展した。また、薬、醸造、麻布などでは、製造業も行われていた。

今日でも、近江商人の流れを汲む企業が数多く活躍している。(1) 有名なところでは、武田薬品、高島屋、伊藤忠商事、丸紅、日本生命、西川産業などがそうである。明治維新後も滋賀県は多くの創業者を輩出している。

近代的経営手法

近江商人は、江戸時代にあって、すでに多くの先進的な経営手法を独自に開発していた。有名なのが、複式簿記を使っていたことである。いつ誰がどのように発明したものなのか不明らしいが、すでに一七四六年には使用されていたことがわかっている。(2) また、共同出資方式による会社事業も盛んに行われ、「乗合商い」と呼ばれていた。(3) これは今日の合資会社にあたるものらしい。人事制度の特徴は、近江で丁稚として雇用した者を、各地の支店に配置し、数年おきに里帰りさせる機会をとらえて勤務評定に応じて出世させて、また全国に送り出す「在所登り制度」(4) であった。(5) 全国に支店があって、店主は年中出張して支店を巡回していることが多いので、そのかん本社を経営しているのは妻ということになる。よって、店主の妻は経営パートナーであって、事実上極めて地位が高い。(6)

ところで、前章で、石田梅岩がわがままな当主は解任しろと言ったという話を書いた。これは、石田梅岩の作った商家用モデル家訓にもルールとして規定されている。近江商人の商家の場合、こうした強制隠居制度が、実際家訓の中に公然と明文化されているケースが多かった。(7) しかも、現実にこの規定が発動されたケースも数件記録に残っている。解任にまで至らなくても、奉公人一同全員退店するとの弾劾を受けて、店主が改心を誓約した事件も起こっている。(8)

笠谷和比古の『主君「押込」の構造——近世大名と家臣団』(9)が世に出てから、大名家においても、このような強制隠居が「押込」と呼ばれて慣習化されていたとの見解が一般的になっている。しかし、同書を読むと、原則として不文であり、失敗して血の大弾圧を受けたケースも多く、ルール化とはほど遠い感じを受けた。

2 近江商人道の源流としての浄土真宗

近江に根付いた浄土真宗の教義

さて、以上のような近江商人の傑出した活動を支えていたものの一つが、その特有の商人道倫理である。本章ではそれを紹介したいのだが、前章の石田梅岩の商人道が、主に儒教を素材にしてできているのに対して、近江商人の商人道の源流は、仏教の浄土真宗であったと考えられる。異なる宗教教義から、同様の道徳体系が導かれているのである。

浄土真宗と近江商人の商人道との関連は、内藤莞爾が詳しく分析している。(10)ここでは同書に基づいて、近江に根付いた浄土真宗の教義の特徴を検討しよう。

内藤がまず注目するのは、近江商人の出身地と、近江の浄土真宗が根付いた地域との地理的な一致である。浄土真宗もまた、特に湖東地方、北東岸で深く定着していたのである。もともと南北朝期には、すでに浄土真宗がこの地で盛んになっているのだが、後年、蓮如が「寛正の大難」で京を追われて、地盤のあるこの地に逃れてきた。そして、後年北陸布教に出かけるまでの間、この地一円で布教活動を行ったのである。こうして、浄土真宗の教義に対するとりわけ深い信仰がこの地に根付いたのである。それは、一種の「浄土真宗原理主義」とでも言える純粋さをもって、江戸期にも続いていた。

そして、実際、近江商人には、浄土真宗の信者が際立って多い。しかもみな、敬虔な信者であることが知られているのである。近江商人特有の性格を形成するにあたって、浄土真宗の教義が影響を与えたことは間違いないだろう。それはいったいどのようなものだったのだろうか。

仏意のコントロール不可能性

まずその教義の特徴としてあげられるのが、筆者のまとめでは、「仏意のコントロール不可能性」とでも言うべき考え方だろう。すなわち、商売繁盛なり、縁結びなり、安全祈願なりなんなりの現世利益を願って、祈ったり、寄進したりしてもだめだというのである。前章の石田梅岩も、そのような行為を批判して、神仏が賄賂をとるとみなすものだと言ったが、浄土真宗も同様に現世利益と手を切ることを主張した(11)。

現世利益だけにとどまらない。梅岩は、来世の生まれ変わりも、寄進して祈ってどうにかできるものではないと言っていたが、これは浄土真宗も同じである。救いは寄進で左右できるものではない。寄進どころか、祈っても修行しても変えられない。善行を積んだから救われるというものでもない。[12]もともとすでに全員救われているのである。だから、祈祷も呪術も迷信も一切禁止である。[13]平安仏教が言うように仏に祈って国家護持ができるわけでもなく、禅宗が言うように座禅で修行して解脱できるわけでもない。阿弥陀如来の意思は、小賢しい人間がどうにかして変えられるものではないのである。すべて救いは弥陀の本願にのみまかせる「絶対他力」である。

小倉榮一郎は、近江商人に他宗派も多いことから、近江商人倫理の浄土真宗説に批判的である。[14]しかし、小倉は近江商人の信仰観について、次のように正確に解説している。

「…喜びは喜捨する自分自身にある。その喜びの感慨こそ絶対者に帰依すること、善行することに満足し、善行に打込める気持ちが理屈なしに出てくるという、人間がいずれ行き着きたい境地である。…祈りによって神仏が祈念者に代わって目的を達してくれるわけはない。[15]」

これは、浄土真宗に特徴的な絶対他力の思想にほかならない。

信仰上の個人主義

次にあげられる真宗教義の特徴は、信仰上の極度な個人主義である。「絶対他力」なのだから、僧侶に難しい読経をしてもらったら救われるわけではない。個人が直接弥陀の本願にすがるほかはない。誰も頼りにできない心理的孤立である。「子でも家来でも、一家・親族でも、知音・近付でも、頼みになるもの一人もなし。一人ころび、一人起きと知るべし[16]」と説かれているそうである。

日夜このような心理状態におかれた者にとっては、この個人主義がただ信仰上のものにとどまるはずはない。内藤はここから、自分の運命は自分で開拓する「独立不羈」の精神が生じると言っているが、その通りだと思う[17]。それればかりではなく、弥陀の前では近親者とて自分にとって特別な存在ではないという、精神の根本的なところでの身内集団原理からの離脱が生じるのではないかと思う。

報恩思想[18]

そして、個々の善行を積むことは救いと関係ないとする他力本願思想から、報恩思想が生まれる。私達はみな、あらゆる悪行になじんでいる「汚れし凡夫」なのである。煩悩なんて断とうったって断てない。こんな人間が小賢しく善行を積んで、その見返りに極楽往生を期待しようなどとんでもない話である。こんな私でいいのだ。こんな「汚れし凡夫」である私を、阿弥陀如来はそれでも救って下さるのだ。なんとありがたいことか。

そこで、その感謝の念から、「身を粉にし、骨を砕き」阿弥陀如来の恩に報いなければならないという思想が出てくる。これも難しい行を専門家にやってもらわなければできないわけではない。唱えるのは「南無阿弥陀仏」と言うだけでよい。しかしそんな特別な宗教行為よりも、むしろ日常生活のすべてのなりわいが、報恩の行となるのである。仏恩に対する感謝としてやっていることを自覚して、日々の仕事にはげめということになる。

以上の教義の特徴から出てくるのは、お金をもうけてそれでぜいたくなくらしをするために働くのでもなければ、自分が極楽往生させてもらうために働くのでもない、日常の勤勉と節約が、それ自体、宗教行為として自己目的化されるということである。その際、真宗の教義では、不正とどん欲は強く戒められているので、日常の勤労の中でも、宗教行為である以上はその戒めが貫かれることは言うまでもない。もとよりこれも、自分の往生の条件のような位置づけなのではなく、仏恩に感謝するために守られるのである。

自利利他円満

大乗仏教は、人々を救うために修行する菩薩を目指すところに始まったが、そのスローガンが「自利利他円満」である。だからこれは、もともとがかなり歴史のある仏教用語である。浄土真宗は、もちろん大乗仏教のひとつとして、この精神を受け継いでいる。

浄土真宗では、信者は生前から極楽往生の確信を持つわけだから、その時点で菩薩の位に定まることになる。したがって、自利利他円満のスローガンのもと、人々を救う菩薩道にはげまなければならないことになる。(19)

もともとこの言葉は、他人を利益《りやく》することが、自分を精神的に高めるという意味で自分を利益《りやく》することになるという宗教的意味のものなのだが、近江商人にとっては、他人の利益になることこそが自分の商業的利益につながるという世俗的意味も同時に持った。それゆえ、商取引によって他者の役に立って利潤を得ることそのものが、菩薩道の実践という価値の高い宗教行為としてなされることになる。

前世論の意義

さて、前世―現世―来世をめぐる因果・輪廻の思想は、仏教思想の特徴であるが、浄土真宗も当然引き継いでいる。しかし、単純に現世の出来事を前世の報いと受け取って宿命論に陥ってしまったならば、ここからは近江商人のような積極的な職業生活は出てこないことになる。

実は、浄土真宗では、何の努力も工夫もせずにすべてを過去の因果にすることは、厳しく戒めている。努力や工夫を最大限重ねた上で、なお功なさなかったとき、それが前世の因果とみなされるのである。

現実の商業活動では、人為で及ばぬ不確実性のために、どんなに誠実にがんばっても失敗してしまうことは起こり得る。浄土真宗では、仏はもとよりそんな悪意のことはしないし、邪鬼悪霊のたぐいも存在しない。そんな不幸は、前世の自分のやったことの報いという以外にない。こうして、必ず何らかの確率で降り掛かる可能性のある不運に対して、いさぎよい諦観を持つために前世論は機能したのである。[20]

プロテスタンティズムとの類似性

以上の浄土真宗の教義を概観して、読者の中には、再び、ウェーバーの『プロテスタンティズムの倫理と資本主義の精神』に描かれたプロテスタントの教義を連想したかたも多いだろう。筆者も、両者があまりにも似ているので驚いている。

前章にも書いたことの繰り返しになるが、『プロテスタンティズムの倫理と資本主義の精神』によれば、カトリックにとっての救いが個々の功徳を積み上げることによって得られるのに対して、宗教改革を経たプロテスタントの場合はそんなものは救いとは関係がない。善行をすれば見返りとして救われるというようなものではなく、救いはただ神意でのみ決まる。人は神からの使命たる職業につくすことで、自分で自分の救いの確信を作り出すのだ、とされている。

石田梅岩も同様の考え方をしていたわけだから、儒教、仏教、キリスト教と、それぞれ全くことなる宗教を素材にして、同様の教義がそれぞれ独立して生み出されていることになる。すなわち、この三者に共通する志向をまとめると、「絶対慈愛者のコントロール不可能性」ということにつきる。天の絶対慈愛者に現世利益を祈っても聞いてはくれないし、寄進しようが功徳を積もうが来世の救いとは関係ない。救われるかどうかは、ひとえに天意にまかせるほかない。特にプロテスタンティズムと浄土真宗の場合には、原罪なりこの世の悪行なりで汚れた無価値な自分に対して、それでも絶対者が慈愛をかけて下さることに感謝する図式も共通していて、卑小な人間ふぜいが多少善行を積んだぐらいで救済の条件にするなど、ますますあり得ないものにしている。

さらにプロテスタンティズムと浄土真宗の場合には、ここから信仰上の個人主義が生み出される。教会もお寺も、聖職者も、親族も、誰も絶対者と自分を取り次いでくれない。自分一人で絶対者にすがるしかない。石田梅岩はこの点はそれほど明瞭ではないが、自分独自の神仏の祈り方を守り続けたらしいので、やはりいくぶんかそうした傾向があるのではないかと思われる。

私見では、何らかの宗教教義が開放個人主義原理の倫理体系につながるための必要条件が、この「絶対慈愛者のコントロール不可能性」なのだと思う。これによってはじめて、絶対者はあれこれの人為を離れ、決してえこひいきのあり得ない普遍的存在になるからである。すなわち、あれこれの身内集団を超越した絶対公正者の目が生まれる。さらに、信仰上の個人主義によって、身内集団からの個々人の良心の自立が可能になる。

内藤は、プロテスタントの、救済されるかされないかがあらかじめ決まっている予定説と、浄土真宗の全員救済説との間に、両者の違いを見ている[21]。しかしこれは結局同じ機能を持ったのである。働くことが救済の条件ならば、そこまでしか働かない。救済とは関係がないからこそ、神の栄光を讃えるために、弥陀の恩に感謝するために、天職として使命感を持って、どこまでも自己目的的に仕事に励む態度が生まれるのである。

3　近江商人の商業倫理

「三方よし」

さて、以上の浄土真宗の教義から、近江商人の特徴的な商業倫理が生成された。後に、石田梅岩由来の心学思想が関西一円に広がることによって、近江商人もその影響を受けて、彼らの商人道が体系的に意識化されていくことになる。こうして形成された彼らの倫理的生活態度について、内藤は「少なくとも日本人の平均的パターンからすれば、これは明らかにズレている」と評している。(22)

その中でまず取り上げたいのは、近江商人道の象徴的スローガン「三方よし」である。これは、「売り手よし、買い手よし、世間よし」という意味である。商取引というものは本来、売り手にとってもトク、買い手にとってもトクで、しかもそれを通じて社会全体の厚生も改善されるものなのだと言っているのだ。

武士道型倫理の発想では、身内の内部では一方的奉仕が理想で、身内の外部とは「トクの裏にはソンがある」という「食うか食われるか」の関係にあることになっている。この発想を打破しなければ、商取引をなりわいとする稼業は正当化できない。そこで、石田梅岩も、商取引は本来、取引当事者みんなの役に立つのだということを強調した。広域的交易に従事し、常によそ者として取引相手の前に現れざるを得ない近江商人にとっては、とりわけてこのことは重要である。

実際、「近江泥棒、伊勢乞食」という当時の悪口は有名であるが、これは、伊勢商人が一所にとどまって商売をするのに対して、近江商人があちこち他郷で行商して歩くことを指しているという。[23]藩ごとの自給自足が望ましい原則とされた時代にあって、せっかく蓄えた金を藩外に持ち出し、さらに藩の産物を持ち去る姿は、身内集団原理的発想の者から見たら「泥棒」と見えてもおかしくない。近江商人達は、このような偏見の中で、周囲に信用を築き、広げていかなければならなかったのである。

さて、「三方よし」という言葉の直接の原典は、一七五四年に麻布商、中村治兵衛宗岸が残した文章だと言われる。[24]そこでは、自分の商品がすべての人（「一切の人々」）の役に立つようにと、自分のことではなくひとが良くなることを考え、高利をむさぼらず、利益は天の恵み次第にまかせ、常に相手の立場に考慮を払うべきことが説かれている。

もちろんこの考えは中村によって初めて作られたわけではない。もともと、「自利利他円満」の菩薩道の教義を実践せよとの宗教意識のもとに、近江商人は商業活動を行ってきたのであり、「三方よし」の発想はそこから直接でてくるのである。内藤の本からも、「自利利他円満」の言葉が近江商人の残したテキストに頻出していることが伺われるが、荒田弘司があげている高島屋の二代目飯田新七の次の内容の言葉は、その見本と言えるだろう。

「我店で取扱う商品は、堅牢確実なるものを売らんと決心し、染に織に十分の吟味を加え、もって客を欺かず、薄利に甘んじ、客を利し、併せて我も利し、いわゆる自利利他は古来の家風なり[25]」

まだ二代しかない京の古着商高島屋が「古来」も何もないだろうから、これは明らかに前身の近江の米穀商高島屋を含めて言っていることに違いない。実際、京の高島屋は初代以来、確実な品を利の薄い廉価で売ることで発展しており、「禁門の変」の大火の後でも、客の足下を見ずに通常通りの廉価販売を続けた。

ところで、石田梅岩は同様の商取引観から、利潤の正当化をはっきりと主張したが、浄土真宗の教義自体ではその点はまだはっきりとしていなかった[26]。近江商人の間では、後年石門心学の影響を受けて、はっきりと「よく勤めておのずから得るは、真の利なり[27]」と、利潤の正当化が自覚されることになる。

幕末に独立した伊藤忠の元祖、伊藤忠兵衛の次の言葉は、この件についての近江商人の思想を総括するものだろう。

「商売は菩薩の業、商売道の尊さは、売り買い何れをも益し、世の不足をうずめ、御仏の心にかなうもの／利真於勤（利は勤むるに於いて真なり[28]）」

他国者意識

近江商人の各地の支店には、近江で雇用された奉公人が原則単身赴任で派遣されていた。したがって、地元の人々から見れば、よそ者の集団である。その中で、共存を求めていくために、常に地元の人々に配慮し続けることが必要となる。

末永國紀によれば、だから、近江商人は強烈な他国者意識を持ち続けることを心がけたと言う[29]。身内集団倫理に慣れた目には一瞬驚く主張である。しかし考えてみたらそのとおりだろう。日々顧客とすべき周囲の人々には、身内集団としての甘えも温情も義理も期待できないのである。このことを自覚して、引き受けないといけない。だから、信頼されることをいつまでも改めて心がけて、身持ちを正しくし、親切を重ねなければならない。地元に身内として同化するのが正しいのではなく、安易に同化しないことが正しいのである。

そういえば筆者が尊敬する介護会社の社長は、ボランティアとプロは違うと言って、自社の従業員に、どんなに慣れた顧客に対しても、絶対敬語と均一サービスを求めていた。誰か一人の顧客にでも手料理のおすそわけをしたならば、全員に同じサービスをしなければならない。それができないならばするなというわけである。

近江商人の四代目矢尾喜兵衛は、「遠国渡世の身分は地の商人と違ひ、身持また格別に正しく有るべきこと」という心得を出している[30]。秩父店も、この教えにしたがい長年他国者意識を持ち続けて、飢饉の際には貧民に施し、自腹を切って米を安売りした。その結果、後年、明治一七年に貧窮の農民達が武装蜂起した「秩父事件」のとき、多くの豪商が襲撃される中、矢尾家の店は襲撃を受けず、無傷で通常の営業を続けることができたのだった[31]。

中村治兵衛家では、他国に行ったら自分のことばかり考えず、「其国一切の人を大切にして我利を貪ることなかれ[32]」と言って、進出先の人々を思いやって融和を求めることが説かれている。上州に進出した高井作右衛門家では、同家の年中行事のたびに町内に配りものをし、日常的に周囲と安定した人間関係を築くべきことが規定されている。[33]

正直さ公正さの重視

ジェイコブズの「市場の倫理」の中心命題が「他人への誠実」であったように、わけへだてのない公正さと正直さは、商人道の中心徳義である。石田梅岩の場合もそうであった。近江商人も同じである。商家に残る創業者の伝記は、まず正直者であったことを強調している。中村家の「家憲」には、「正直」とだけある。[34] 京に古着屋として分家した高島屋の初代飯田新七は、商品の良し悪しをはっきりと顧客に告げ、少しも偽らないことをモットーにした。さらに、顧客の待遇は平等にし、貧富や身分の高低によって差をつけてはならないと定めている。

また、五箇荘に遺されていたある家訓には、次のようにある。下落前に高値で売り抜けて利勝ちを喜ぶなど大いにわがまま勝手の心得であり、得意先に損をさせていとわない心得は不実である。目先の利ばかり追うのは取るに足らない小賢しさだ。売った後で悔やむくらいがちょうどいいのであって、先々長い目で見て利益になるものだ。このような言葉に続いて、次のように言う。

「売買は名聞にあらず。自他の利潤を考え、仮初にも不実なき様、正路に丹誠致すべし。譬えば売先・買先は父母のごとく相心得申すべき事。[35]」

「ふとんの西川」の西川産業に連なる西川家二代目甚五郎の定めた店内規則では、よく吟味した品物を薄い利潤で売り、品薄の時にも利潤を割り増ししてはならないと定め、世間に害のあることはしないことと言って、商売の誠実さを求めた。これを引き継ぐ今日の西川産業の店是は「誠実・親切・共栄」だということである。(36)

日野の二代目山中屋兵右衛門は、「山中家慎」と題した家訓で、これでもかと誠実さを求める条項を並べている。吉田豊の訳で示すと、

「一、万事につけて不誠実な行為をつつしむこと。」

「一、店で仕入れる諸商品は、何によらずよく吟味して、確実、優良な商品を仕入れて販売すること。

付…不正な商品、粗悪品を扱ってはならぬこと、また、暴利を願うことを無用とする。」

「一、お得意さまに対しては、諸商品の納入そのほか万事につけて、誠実第一を心がけること。」

「一、小口のお得意様方を、かえってたいせつにすべきこと。」

「一、見栄を張ったような商売は、いっさい無用である。(37)」

伴家が、一族の国学者に書かせた家訓に挙げられている最後の戒めは、他人に対して無茶なことをしても、勘定さえ合えばよい、自分は正直に主人に奉公している、というような態度は、「道理ならず」というものである。主人への忠誠は他人への不誠実を正当化しないというのである。「主人のためにとて他人へ非道をする人は、また吾身の為にとて主人に非道をすべし」とされている。(38)

勤勉と忍耐

そしてなんといっても近江商人を特徴づけるのは、浄土真宗の教義から出てくる自己目的化した勤勉と節約である。まず勤勉の方であるが、路で出会ったときのこの地方の挨拶が「お気ばりやす」だったことが象徴的である。「気ばる」は「がんばる」であり、元気で一生懸命働くことである。各商家に伝わる創業者の伝記も、例外なく並外れた勤勉ぶりを強調している。(39) 家訓でも何でも、勤勉を強調する資料には事欠かない。

よくひきあいに出されるのが、星久の松居久衛門が採用した商標である。右下がりの斜線の右上と左下に丸く点を打ってある。中央の斜線は行商に使う天秤棒を表している。そして右上と左下の点は星を表す。天秤棒をかついで、朝は星を戴いて出かけ、夜は星を踏んで帰る勤勉ぶりをトレードマークにしたのである。(40)

勤勉と同時に忍耐も強調されている。創業者伝でも、例外なく、寒暑風雨をいとわず、粗食に耐えて仕事に励んだとされている。さらに、「近江泥棒」をはじめとする悪口のたぐいにも、忍耐で対処した。(41)

倹約

近江商人は倹約のことを「しまつ」と言って、頻繁に強調してきた。それは、他所からはケチと見られて悪口の種になるほどだった。創業者伝でも、いかに粗末な生活をして倹約に励んだかが美談・自慢として強調されている。末永は、史料調査に訪れた近江商人の旧家で、習字の練習に使って真っ黒になった紙さえ残されていることに驚いている。[42]

そして、無駄な支出、酒色におぼれること、ぜいたくは厳しく戒められている。近江商人のよく使う言葉が、「奢れる者必ず久しからず」である。[43]

なお、初代中井源左衛門は次のように、倹約とケチは違うと言っている。

「始末と吝《しわ》きの違いあり。無知の輩は同事とも思うべきか。吝光りは消えうせぬ。始末の光明満ちぬれば、十万億土照らすべし。[44]」

ここで、「光明」というのは仏教用語で、菩薩から発する慈悲の光である。「十万億土」とはこの世から極楽までにある無数の世界のことで、[45]その間をずっと慈悲の光で照らすことで、人々が極楽まで行きやすいようにするという意味なのである。つまり、石田梅岩も言っていた理屈と同じである。自分のためにケチをするのではなく、人々みんなのために、要らないものをはぶくのである。

社会貢献

そういうわけだから、質素倹約に努めながら、他方で社会貢献には財を惜しまないのが近江商人の姿勢だった。先にも、矢尾家の秩父店が日頃の社会貢献のおかげで襲撃を免れた事例を紹介したが、近江商人にとってはこれくらいの社会貢献はどこでも普通だった。それは「世間よし」に直接つながる活動だからである。「ふとんの西川」の西川家の家訓には、「好富施其徳」という言葉がある。富を得たらそれに見合った社会貢献をせよという意味である。

八幡の藤原忠兵衛と野洲の広瀬宰平は、司馬温公の「金を積んで子孫に遺すとも、子孫いまだよく守るあたわず。書を積みて子孫に遺すとも、子孫いまだよく読むあたわず。陰徳を冥々の中に積みて子孫長久の計となすにしかず」という言葉を座右の銘にしていた[46]。

上述の伴家の家訓では、陰徳を積むようにとの言葉に続いて、「〝陰徳あれば陽報あり〟というとおり、日ごろからこのように心がけていれば、次第に目に見える幸福に恵まれ、家は繁盛するだろう。ただし、こうした幸福を得ようとして善行を積むのでは、陰徳ということはできない。なにものをも求めることなく善行を積むことによって、自然とその結果が出てくるものなのである[47]」とある。

上記の中井源左衛門の文章にも、酒宴遊興をせずに、「陰徳善事」をなせと書いてある[48]。実際彼は多くの寺社に寄進したほか、中井家はその後、逢坂山の道路改修事業に拠出したり、瀬田の唐橋の架け替えを一手に引き受けたりしている[49]。後者は、今日では三〇億円に相当する大事業だったと言う[50]。草津宿の常夜灯の建設工事費と永代灯油料も寄付している[51]。

また、二代目藤野四郎兵衛は、天保の大飢饉の時に、窮民救助のために、米穀数千俵を施与したり、原価で販売したりした。さらに、自宅や寺院の改修工事も行った。このときには、この緊急時に何事かと役人が飛んできたが、窮民を雇用して賃銭を与え、その家族にも雑炊を施与していることを見て、救済事業であることを理解して嘆称したと言う。地元の人達はこれを、「藤野の飢饉普請」と呼んで後世まで称えたと言う。[52]

そのほか、二代目塚本定衛門が治山治水に力を注ぎ、教育にも貢献した例もある。もっと小規模なものになると例は尽きない。

血縁びいきからの脱却

江戸時代の日本では血縁主義が常識的価値観で、これを無視することはあり得ない。しかし、合理的商業活動に従事する商家では、そもそも血縁びいき的やり方はある程度脱却しないとやっていけない。この点では、儒教由来の石田梅岩よりは、近江商人の思想の方が一歩進んでいる印象がある。

商家はもともと養子が多いものだが、近江商人には特にそれが多い。[53] 嫡男が跡継ぎとして不適格なら、相続権を剥奪して店に入れない措置がとられている。かえって娘の誕生が喜ばれる傾向があった。優秀な人物を婿養子にして跡継ぎにできるからである。[54]

有名どころでは、高島屋初代飯田新七は、越前国敦賀出身で、中野と名乗っていた。京で奉公先が倒産し、別の奉公先で勤めているところを、近江の米穀商飯田儀兵衛に勤勉ぶりを認められ、長女の婿に迎えられたのである。二代目飯田新七も、初代新七の娘に迎えた婿である。日本生命の創始者とされる弘世助三郎も養子である。東洋紡績の創始者も、麻布商阿部家の養子である。伊藤忠二代目社長の伊藤竹之助も、初代伊藤忠兵衛の娘婿に迎えた養子である。幕末期に活躍した豪商の小林家も二代にわたって養子が続いている。

その小林家では、幼年から主家の子弟を支店に送り、丁稚、手代として訓練する仕組みにしていた。その際には、奉公であることに違いはないのだから心得違いのないようにと、手心ないよう釘を刺す規定がされている[55]。同様の見習い修業制度を持つ小野家から主人を迎えた京都鍵屋は、一五歳になった主家の子弟を辺境の南部藩江刺店に送り、手代の使い走りをさせるよう定めている[56]。

さらに小林家では、主人にも「あてがい入用金」が出され、それを超えて店の金に手を付けた場合は主人の借金となる規定になっている。主人が勝手に余所で借金しても、店で取り上げてはいけないとされている[57]。

このような志向からは、商家が血縁集団の私物ではないとする考え方が見て取れる。それゆえ、合議を尊重し、異見に耳を傾けるよう後継者に諭す文章は多い。小林家では、主人の一存で判を押すことは禁止されている[58]。市田家では、新規事業や商品仕入については、「店中一統」で協議しなければならず、毎月一回全店員の総会を開いて、商業上のことを相互に腹蔵なく話し合うこととされていた。岡田家でも、支配人、帳元などによる合議と、月二回の寄り合いでの意見交換を定めている。中井家では、幹部店員による「衆議」制を定め、主人の独断を禁止した[59]。

やはり、この志向も、伊藤忠初代伊藤忠兵衛の成したことにとどめをさす。彼は店員を従者ではなくて共同経営者とみなした。そこで、利益は三分割し、本家上納と店積立とにあてた残りは、店員に割賦した[60]。そして、衆知を集めるために会議制度を取り入れ、「若年層の意見の下克上を奨励し、当主に認められた卓見は出世の登竜門となった。自由で大幅な職権を店員に委ね、同時に責任の帰趨を明らかにし、店員の自主的な意気込みを引き出した[61]」。

その他の特徴

以上の特徴を見ても、前述のジェイコブズの「市場の倫理」の多くにあてはまっていることがわかるが、その他にも、その項目にあてはまる特徴は多い。特に、才覚と創意工夫が尊ばれる風土があったことは記しておく必要があるだろう[62]。それから、新しい事業に乗り出そうという無資本の起業家を、金融面から支援しようというベンチャー投資の風土も、多くの創業者を生み出すのに役立っていた[63]。これは、見知らぬ者をも信頼し、そのリスクを情報コストをかけて個人として評価して管理するという、開放個人主義社会の態度によってこそ出来上がった社会関係資本《ソシアルキャピタル》だと言えるだろう。

なお、ジェイコブズの「市場の倫理」の筆頭が「暴力を締め出せ」であるように、力を頼みとせずフェアに振る舞うことは、「統治の倫理」と区別される商人道の中心的な徳義である。しかし現実の商人は、藩の統治政策の一環を担う御用商人となることによって、権力を笠に着た特権を使ってもうけることが少なくなかった。それに対して近江商人の場合は、もともと自給不可能な天領や飛び地に細分されている土地ゆえ遠隔地交易が興ってきたということもあり、政治権力と結びつくことは敬遠されてきた。

前述の山中屋の家訓「山中家慎」は、二代目山中屋兵右衛門が、町政の取りまとめ役である「惣年寄」に任命されたことを受けて書かれたもので、次のような書き出しで始まっている。

「一、このたび、重ねて惣年寄役を仰せつけられたので、お上のご威光を役目以外のことに用いることのないよう、日常、つつしみを第一とすること。

付…お上の威光をかさに着る行為は、陰徳を積む上で障害となることを、よくわきまえるように。[64]」

中井家京都店の掟書には、諸大名の京屋敷から御用の声がかかっても絶対に応じてはならぬと決められている。「さらに百年たって中井家は、封建権力と結託して大利を企てるのは『決して無用の事』といいましめるにいたっている[65]」。

もっとも、多くの大商人は後年大名貸しを迫られて断れず、泥沼にはまり込んでいくことになる。中井家にしても、仙台藩から蔵元役を引受けざるを得なくなって、神に願をかけて安全を祈って引受けたそうであるが[66]、後述の通り、後年案の定仙台店で巨額の焦げ付きを出し、衰退の原因となっている。

補　論――長浜のまちづくりと近江真宗の商人道

滋賀県長浜市は、琵琶湖北東岸に位置する小都市である。羽柴秀吉が長浜城を築城して城下町として整備した。江戸時代には、町民の自治都市として栄え、今日でも曳山祭りに当時の町民自治の力が伝えられている。近代に入っても、湖北の産業経済の中核として発展してきたが、一九八〇年代になって、郊外大型店の進出により、中心市街地の衰退の危機に直面した。

そこで、「歴史性」「文化性」を掲げた、市民達の様々なまちづくりの取り組みが始まった。街の改装やCI事業を進めるとともに、イベントを次々と打ち出した。中でも有名なのが、街の中心にあった元銀行の建物を使った「黒壁」のまちづくりである。これらの取り組みの結果、かつて市の中心部の通行量が「一時間に人四人と犬一匹」と言われた状況から、年間二百万人の観光客を呼ぶまでに盛り返し、長浜のまちづくりは成功例として全国に名を轟かせるようになっている。[67] そして、衰退に悩む各地のまちの人々が、成功に学びに長浜にやってくるようになっている。

ところが、このまちづくりを可能にした要因のひとつとして、これまで誰も気づかなかったことを指摘している研究がある。近江商人の浄土真宗倫理が、長浜のまちづくりにつながっていると指摘している角谷嘉則の研究である。[68] 実際、長浜には浄土真宗の大通寺がまちなかにあり、歴史上、都市コミュニティの中核となってきた。そこでの「報恩講」は、伝統的にはコミュニティの主要行事であった。そのような報恩思想が長浜のビジネス人達の地域貢献活動につながったと言うのである。

特にその直接の媒介項となったものとして、角谷があげているのは、一九七九年設立の「光友クラブ」という組織である。これは、長浜出身の宗教家、西田天香を慕う地域リーダー達の勉強会である。紙問屋に生まれ、浄土真宗の影響を受けて育った西田は、一九〇五年に京都に「一燈園」を開き、托鉢で共同生活する社会奉仕活動を行った。その思想は、他者の犠牲の上に成り立つ自己の存在を懺悔し、自分を捨てて、弱い人の立場で他者のために身を捧げて生きることを説くものである。「光友クラブ」は、この一燈園の現在の関係者や浄土真宗の僧侶を講師にして、毎月開かれている。会では、西田天香の「光明祈願」などの言葉を毎回唱和しており、参加者が一燈園の報恩奉仕思想を内面化していることがうかがわれる。

これまで長浜のまちづくりをリードしてきた中心組織の一つが、地元財界の当時若手のリーダーを中心に市や関連団体の職員らが加わって、一九八二年に作った「21市民会議」である。角谷は、この「21市民会議」の主要メンバーと、「光友クラブ」の主要メンバーが見事に重なっていることを見いだしている。また、民間の芸術イベント「アート・イン・ナガハマ」は、「光友クラブ」の人脈から直接始まったものだと言う。角谷は、「光友クラブ」によって内面化された報恩思想から、これらの地域リーダー達の活発な地域貢献活動が生み出されたのだと推測している。

実際、様々のまちづくり会社の役員になっている地元財界リーダーは、それらの仕事を無報酬で行っている。そして、長浜城が市民の寄付によって再建されたことに象徴されるように、まちづくりの様々な部面で巨額の私財が投じられている。

第五章　明治維新以前の開放個人主義倫理の伝統

1　開放個人主義倫理としての江戸商人道

開放個人主義倫理に必要な徳目

さて、二章にわたって、石田梅岩と近江商人の商人道を検討してきた。本章では、さらにそれ以外の商家の家訓等の例もあげながら、これらの江戸商人道の特徴を整理したい。

第一章の議論をもう一度復習しよう。リスクへの対処方法として、流動的人間関係をとった社会では、お互いに情報コストをかけて、出会う相手のリスクを、所属集団ではなく相手個人として評価しあうことになる。そこで、誰からも信頼されるように、わけへだてなく誠実に振る舞うことが必要になる。みんながそのように振る舞うと信頼できたならば、各自は長期的なトクを考えれば、積極的に人間関係を広げて誰とでも協力的に振る舞うのが最適になる。その結果、みな互いに当初の信頼はだいたい当たり、この好循環が維持される。ところが、他人は自分を食い物にするのではないかという不信をみんなが抱いたならば、各自はなるべく閉じこもり、目先の利益だけを追うことが最適になる。その結果、当初の不信は当たり、この悪循環が維持される。後者の悪いパターンが避けられる制度的保証は、流動的関係の場合はない。集団の監視が効かないからである。よって、流動的な社会でみんながよくなるためには、各自が次のようなことに心がけることが是非とも必要になる。

［**自立した誠実心**］集団の監視が届かないところでも、他者に対して協力的に振る舞う良心を持つこと。

［**わけへだてない公正**］悪い奴がいてもそれは個人の属性とみなして、相手の信頼性を所属集団で予断せず、わけへだてなく公正に扱うこと。

［**ウィン・ウィンの信頼**］世の中はどこでも、食うか食われるかではなく、だいたいは、他者に対して協力すれば、自分にとってもトクになるのだと信頼すること。

これらの徳目は一言でまとめると、「普遍性尊重」と言えるだろう。個人的好みや地縁血縁の近さ、身分や会社や派閥や民族などの所属集団で、えこひいきやわけへだてをせず、ただ良い人か悪い人かという個人の属性で評価しなさい。個人として悪意を受けるリスクのある人でないならば、誰であれ等しく親切にしなさいということだ。要するにこれは、カントの黄金律にほかならない。「汝の意思の格律が、いつでも同時に普遍的立法の原理として妥当するように行為せよ。」――自分の立場を相手に入れ替えてもどんな人間に入れ替えても、等しく妥当するような原則にしたがって行動せよということである。

そして「ウィン・ウィンの信頼」が高まれば、まず他者のために親切にすることが先に立つようになる。これが、自分に利益が返ってくるまでの時間や不確実性に対しておおらかになっていくと、積極的な社会貢献につながる。

さらに、自分もトクし相手もトクすることを目指す「ウィン・ウィン」の原理からは、**効率と節約**の要求が必ず出てくる。誰も犠牲にすることなく、自分も相手も世の中の人々もトクを増やすことを目指すためには、無駄を省くほかないからである。時間に関して同様に無駄を省く発想をすれば、**勤勉**への要求が出てくる。勤勉や節約自体は、武士道の徳目にもあるが、自己集団のためにだけやるものではなくて、社会全体のために必要なことだというのが開放個人主義原理から出てくる論理なのである。

石田梅岩と近江商人の商人道に見られる普遍性尊重

すぐにわかる通り、これまで見てきた石田梅岩の商人道と近江商人の商人道は、いずれも、今検討した開放個人主義原理に必要な徳目でできている。

梅岩も近江商人も、正直第一を説いた。うそを戒め、わからないだろうとごまかすことを戒めた。取引相手の役に立つことを望み、誰にでも誠実に接するよう求めた。

また、わけへだてない公正性についても共通している。まずもって神仏からして、えこひいきしない存在とみなした。近親者を特別扱いしないことを求め、合議を重視した。時には当主の強制隠居も必要とみなした。梅岩はすべての個人は貴賤にかかわらず天の子とみなした。浄土真宗は、すべての人間が等しく救われると考え、取引相手を身分や貧富で差別してはならないとした。高島屋はじめ、これをルールに掲げた所も多い。

世の中食うか食われるかの図式を否定する「ウィン・ウィン」の発想も同じである。石田梅岩は天下の人々に役に立ってこその利潤と言った。近江商人も「三方よし」をモットーにした。そして、相手の役に立つことを第一にして暴利を戒めた。ボランティアや社会貢献に対して積極的な姿勢も同じである。

さらに、それ自体が宗教行為として自己目的化した勤勉と節約の強調も同じである。倹約が社会のためになされるとする位置づけも同じである。

その他の商家の江戸時代の家訓――正直

近江商人以外にも、江戸時代の商家の多くが家訓を残して、商人道を説いている。多くの家訓は、石田梅岩が活躍した享保年間に作られたものなので、梅岩思想の影響を受けていると思われるが、梅岩思想自体、それまで蓄積されてきた商家の常識が言語化されたものとも言えるので、どちらが先とも厳密には言えないだろう。

これらの家訓では、勤勉や倹約、奢侈の戒めは、まず例外なく掲げられる項目である。次に目につくのが、正直・誠実の勧めである。これについては、大丸の業祖下村正啓の残した次の言葉が一番インパクトがあるだろう。

「律儀ほど身のためよき事はこれなく候。人はあほうと申し候とも何と申し候ともかまひなく、律儀なるほどよき人はなし。聖賢皆律儀を第一となされ候事。(1)」

こうした彼の言葉を後年書にまとめた末弟や次男は、それを次の文章で始めた。

「正啓公思召しは何事も信実に誠を以て事を成すの御心なり。」

そしてここには、客本人がその場にいなくても、常に「〜様」と敬称付きで呼ぶようにとの言葉が収録されている。(2)

また、住友家の祖、住友政友は天照大神のこんな神託を意識していた。

「謀計は眼前の利潤たりといえども、必ず神明の罰に当る。正直は一旦の依怙に非ずといえども終には日月の憐を蒙る。(3)」

これを自ら解説し、約束より多く受け取ったらその分は正直に返せと言っている。そして、遺訓として、次のスローガンを遺している。

「勤倹、誠実、謙譲(4)」

あるいは、戦前の財閥につながる安田家であるが、その家訓には、「虚言をいはぬ事[5]」とあった。

その他の商家の江戸時代の家訓――わけへだてない公正

前章の高島屋も顧客の待遇の平等を説いていたが、同様のわけへだてない公正さも多くの商家でルールとされている。

大丸の下村正啓は、大名の御用でもどこかの丁稚が買いにきたときでも、対応は同じにして客に上下をつけるなと言っている[6]。

三井家祖三井高安の息子嫁で、事実上の業祖とされる殊法は、どの顧客にも、取引の多寡や身分や性別にかかわらず、使いで来た丁稚や女中であろうと、みなわけへだてなく愛想良く接し、茶菓やたばこでもてなしたと言う[7]。

これとほとんど同じことを、松坂屋五代目伊藤次郎左衛門が『掟書』の中で説いている。

「御客様方店先へ御出相成候はば、早速御挨拶つかまつるべく候。御大身御小身（身分の高低のこと――松尾）に限らず、御大切に御挨拶申し上ぐべく候はもちろん、御買物多少之隔てなく粗末につかまつりまじく候、御茶煙草等に気を付け申すべく候事[8]。」

貧富で人を上下してはならないというのは、伊藤家の八条の不文家憲の一つでもある[9]。

このような家風を引き継いだ一三代目の伊藤次郎左衛門は、「江戸の流、尾張の流とて二流なし、天下の道は一徹となり、賢人も愚人も人道なり」と、江戸も名古屋も人間に違いはないという普遍主義的人間観を披露している。[10]

少額の買い物のお客も粗略にせずかえって丁寧に扱えという規定は、前章の山中屋も言っていたが、白木屋の家訓にも見られる。吉田豊の訳では次のようにある。

「とりわけ少額の買物をされたお客に対しては、よくよくていねいにいたさねばならない。大口のお取引先に対しては自然とていねいに扱うものであるが、買物の多少にかかわらず、お客といえば十分に丁寧に応対して、お買上げの上、帰られる節には店の出口まで出て腰をかがめ、ご挨拶するようにすれば、また重ねてお買物に来てくださるものである。[11]」

わけへだてない公正を求めるのは、顧客相手だけではない。白木屋の筆頭番頭が残しているテキストは、自分にこんな悪い点がないかということをひとつひとつ従業員に問いかける形式をとりながら、実際には、従業員に対する心得の指示になっている。ここで、仔細に言われていることの多くは、一言で言えば、えこひいきのない公正なやりかたをしているだろうかということである。[12]えこひいきや気ままで判断が歪められないためには、独断を避けなければならない。そこで多くの商家のルールでは、合議と討論を重視している。

三井家の越後屋では、月三回、夜に定例の店内会議が開かれ、反省事項や提案、不平不満をくみ上げるシステムになっていた。[13]清酒を開発した鴻池家でも、定例の会議日を設けて幹部全員で協議するよう定めていた。[14]番頭の独断は禁じられ、何事も相談して合意の上進めるよう規定されていた。[15]住友家では、長崎支店が輸入品を決める時、世間の意見をよく聞き、かつ内部で協議して決めるよう定めていた。世の中の人々の考えていることとは、「天性の道理に候はば、あまり相違これ無きものに候」[16]とのことである。大丸では、各店の運営は、支配人二人とその頭分の三人合議制と決められていた。[17]名古屋の呉服商水口屋では、月二回の会議で、商務上のことのほか、身分の上下の差別なく、身持ちの善悪など諸事を正直に議論するよう定められていた。[18]

店内合議については、おもしろいエピソードがある。山片屋の番頭、合理主義者で無神論を説いた著作のある山片蟠桃は、店内の気風の緩みを懸念する主人に応え、守れる規則を一つだけ、従業員の総会で自主的に決めさせ、それを絶対に守らせることで気風を一新させたと言う。[19]

会議と言っても形だけのものでは意味がない。大丸の下村正啓が釘を刺して言うには、こっちの考えと違うことを言う人がいい相談相手なのであって、「ごもっとも、ごもっとも」と言う人は何の役にも立たぬと心得ろということである。[20]

その他の商家の江戸時代の家訓――血統相対視

こうした合議の精神が行き着けば、強制隠居制度になるだろう。店主の強制隠居は別段近江商人の専売特許でも何でもないが、近江商人以外で明文のルールになっている例は筆者は不勉強であまり知らない。[21]前章で註釈したとおり、大坂商人の場合は、「代判人」が経営権を握るケースが多いので、当主解任にまで至る必要がないのだろう。住友家では泥沼の訴訟合戦になったらしい。[22]

ただ、嫡子が不適切ならば、後継者からはずすようにとの規定は見られる。大丸では、後継者の素行がよくない場合、引退させる規定になっている。[23] 事業にふさわしくない一族子弟は、相続分資産を本家で預かり、経営に口出しさせずその利息で一生養うように定められている。[24] なお、当主も素行がよくなければ引退させることになっていたが、実際には発動されず、放縦な当主が刃傷事件を起こして死ぬ事件を招いた。[25]

もちろん、近江商人に限らず、商家には血統よりも実力主義を優先した養子が頻繁に見られる。ついでながら、商家では女経営者もちょくちょく見られる。三井家祖の息子嫁が事実上の業祖というのは先に述べたが、高島屋初代新七の長女歌は、二代目の急逝後、長く事実上経営を取り仕切った。松坂屋伊藤家では、五代目当主の五男であった七代目当主の妻が、八年の間、一〇代目当主となっている。一一代目は彼女の再婚した夫である。

近江商人で見られた一族の子弟の現場体験と同様の例は、三井のケースが有名である。一二、三歳になったら、京都の支店で丁稚扱いになる。他の見習い店員と全く変わらず、奴僕のような使い走りからやらされたそうである。[26]

その他の商家の江戸時代の家訓——ウィン・ウィンの善行

商行為を他人に役立つための善行とみなし、その結果として利潤が得られるとする「ウィン・ウィン」の見方は、多くの家訓に残されている。

三井の事実上の業祖、殊法尼のモットーは、「売りて悦び、買いて悦ぶ」であった。売った方も買った方も悦ぶ取引を目指すという意味である。[27]

またもっと有名なのが、大丸の下村正啓が座右の銘にした言葉、「先義而後利者栄」（義を先にして利を後にする者は栄える）だろう。[28] 彼がこれを掛け軸にして全店に配布したせいもあり、「先義後利」は慣用句のようによく使われるようになっている。また彼は、商売とは広く天下の御用を務めているのだとも言っている。[29]

松坂屋の五代目伊藤次郎左衛門祐寿は、「人の利するところにおいて我も利する」（相手に得をさせてこそ、自分も利益を得られる）と言っている。[30]

それから、キッコーマンにつながる茂木家の家訓では、「徳義は本なり、財は末なり、本末を忘るるなかれ」と定めている。[31]

このような精神から、やはり積極的な社会貢献活動が導かれる。

幕末期に西陣織業界の大不況で、多量の失業者が発生した時、三井越後屋と大丸などが、共同で大規模な粥の炊き出しを行った。一八六六年には、貧民救済のため、三井が百貫、大丸は三十貫の銀を提供している。

大丸の下村正啓は、歳末に自ら京都の場末に出向いて衣類をふるまう貧民救済の施行を始めた。それ以来、大丸は毎年欠かさず貧民救済の施行をしていた。大塩平八郎の乱のとき、大丸は襲撃されなかったが、平八郎が「大丸は義商なり、犯すなかれ」と命じたからだという噂が流れたほどである。[32]

茂木家とともに今日のキッコーマンにつながる高梨家では、天明の大飢饉の際、自家の倉を開いて千人以上を救い、天保四年と七年の大飢饉に際しても、同様に八千人以上を救ったと言う。茂木家でも、初代当主木白房五郎が、寺子屋を視察して奨励品を出したり、夜陰に紛れて貧家に金品を配ったりしていた。天保の大飢饉に際しては、夫人の生母の形見の珊瑚のかんざしまで手放して、家財を投げ打って救民にあたった。(33)

以上から、近江商人の思想や石田梅岩思想に見られる普遍性尊重の価値観は、江戸後期には広く商人階級に広がっていたのだということがわかる。すべての個人を身分にかかわらずわけへだてなく尊重すること。上に立つ者の恣意や独断を戒めること。——こうした精神は、人権思想や立憲思想に直接つながる性質のものである。

最近、西淳の指摘によって知ったことであるが、戦前戦後を通じて活躍した経済学者の青山秀夫は、戦争を生み出したナショナリズムの暴走をチェックできるものは何かということを求めた。その結果、それを日本の伝統的な生活にあった良識的感覚に見いだした。すなわち、近代化以前は、「封建的な支配階層とは異なり民衆のなかにはある種の良識があり、それが人間と人間の関係を権威や権力でではなく寛容の精神で処理していく知恵をうみだしていた」「他者に対して誠実さをもって対応するという良識を伝統的な日本の民衆はもっていた(34)」と青山は考えた(35)と言うのである。筆者は、江戸商人道こそそれだと思う。

いや、江戸時代と言わず、もともと開放個人主義原理に親和的な価値観は、それ以前から連綿と存在していたのである。

2　もともと存在した開放個人主義原理の精神史

開放個人主義原理は現生人類発生以来の本質

従来の歴史観では、人類は最初は自給自足的な共同体で暮らす時代が長く続き、その後で共同体を超えた他人との交換が発達していったように思われてきた。しかしこのような見方はすでに今日では乗り越えられている。そもそも交換や見知らぬ人との協働というものは人類の歴史と共に常にあった[36]。これこそ、現代型ホモ・サピエンスを他のすべての種から区別する特徴なのだと思う。

単に集団で共同して狩猟採集する動物はヒトに限らない。それだけのことならば言語を必要としない。実際、人間も共同狩猟の現場では言葉を使ったりはしない。チンパンジーもニホンザルも、言語なしにそれなりに複雑な社会関係を処理している。経験を共有する同質者からなる集団をまわしていくには、言語は必ずしも必要ではない。

それに、白目がある動物はヒトだけだと言う。白目があるとどこを見ているのかが相手にわかるので、戦いに不利になるからである。だから普通の動物は黒目しかない。それなのにヒトがあえて白目を見せるように進化したのは、目の表情を使ってコミュニケーションをとれる利点が戦いの不利を上回ったからである。[37] だがやはりチンパンジーもニホンザルも、みんな黒目だけで社会をまわしていけている。経験を共有する同質者からなる集団内部だけでコミュニケーションが必要で、ヨソの群れとの間では抗争しかないならば、戦いの不利を乗り越えて白目が進化してくることはないはずだ。

　白目を見せ、言語を発達させるほどコミュニケーション力を高めなければならなかったということは、人類は、経験を共有しない異質者との協働ができるという特徴で淘汰をくぐりぬけた種だということを示しているのだろう。そもそも、人類の歴史の大半はあいつぐ氷河期の中にあった。その中で、いくつもの人類が滅びていった。私達の祖先は、少しでも有利なところを目指して移動を繰り返し、その過程でしばしば多くの仲間を失って少人数になりながら、出会った見知らぬ人と力をあわせる能力をつけたことで生き延びることができたのだと思う。

　生物進化の時間感覚ではごくごく最近、ウルム氷期が終った後で、私達は地球の各地で農耕を覚えた。そうすると、気候風土に恵まれたところでは、変わらぬ伝統の中で自分達だけで幸せに暮らせる文化を作り出した人々もいたかもしれない。が、しかしそれは人類社会の原型なのではない。そのような社会で生存していくだけのためにはヒトの脳は能力過剰で非効率である。複雑な芸能ができるようになるために淘汰圧がかかることもないだろう。やはり、それまでの長くて厳しい氷河期に、危機に追い詰められる中で、新しい工夫を思い付き、あえてリスクを追って新天地に旅立ち、見知らぬ人とコミュニケーションを取って助け合うために、脳を発達させてきたのだ。

もちろん、普段は互いによく見知った共同体の中で暮らしていたのだから、他のあらゆる社会性動物と同様の、身内集団原理の諸性質をも持たなければならなかったことは言うまでもない。それゆえ、身内集団原理と開放個人主義原理という矛盾する二原理は、すべての現生人類の身の内に共に備わっている本質なのである。

現代型ホモ・サピエンスの移動は驚異的なもので、二〇万年前にアフリカで出現してから、一〇万年前には南米の突端にまで到達している。ブライアン・サイクスは、細胞内小器ミトコンドリアでは母方遺伝子だけが引き継がれることを利用して、人々のルーツを探っているのだが、スコットランドの小さな島に住む二人の漁師が、実はシベリアに共通祖先を持ち、その子孫達がそれぞれ地球を大きく反対回りして現在の同じ小島に到達していることをつきとめている。(38)

日本列島に脈々と続く開放個人主義原理

そんな中で日本列島は、ユーラシア大陸の東端のどんづまりにあって、移動してきた人々を何度も何度も受け止めてきた。大陸と地続きでなくなった後も、日本産の黒曜石が朝鮮半島、沿海州、シベリアにまで運ばれ、海民と呼ばれる人々は沖縄、九州、朝鮮半島をまたにかけて活躍した。(39)日本列島の中でも、交易は広い範囲で行われた。新潟県産のヒスイが東北・北海道に運ばれ、伊豆諸島の黒曜石が能登半島にまで運ばれ、秋田県・新潟県のアスファルトが北海道から東北一帯に広く流通し、海辺では交換用に大量の塩が作られて、木の実を食べる内陸の人々の必需品として交易された。[40]

弥生時代になると大陸から水稲文化等を持った人々が何波にもわたってやってきた。松下孝幸は、九州の弥生人の人骨と中国で発掘された人骨を比較し、黄河流域に弥生人のルーツを見いだしている。[41] それによれば、周王朝下で中国の人口は増大したのだが、その後の春秋戦国時代の到来によって、大量の戦争難民が何度も生み出される事態が繰り返された。その一部が平和の地を求めて日本にたどりついたというわけである。網野善彦は人類学者の埴原和郎の推定を引き、「七世紀までの約千年間に、最大百二十万人以上、少なくみても数十万の人々が列島に入ってきた」としている。[42]

縄文人が石器しか持っていないところに、弥生人は金属器を持って現れたのだが、弥生人は縄文人を滅ぼしたわけではなかった。縄文人は漁労等、弥生人は稲作等を生業にして各々に適した所に住み分け、数百年間交易によって共生してきたのである。[43]

興味深い話としては、日本中に「徐福伝説」がある。秦の始皇帝から不老長寿の薬を取ってくると請け合って、大勢の子供を乗せた船で東の海に旅立ったというあの徐福である。その一行が辿り着いたのはここだと自称する伝説の地が日本各地にあるのだ。筆者の居住地の近郊にある佐賀県諸富町も徐福上陸の地と名乗っており、徐福をまつった神社がある。徐福の子孫と称する人もいて、そのことを自慢げに話している。このように、外国にルーツを持つことを嫌がるどころか自称したがる意識が、日本各地の民衆の間で延々続き、現在にまで至っているのである。

その後も、大和朝廷や有力豪族が、有名な秦氏をはじめ、多くの渡来人を技術者等として続々抱えていたことはよく知られているとおりだし、蘇我氏など、自身が渡来人系という説がある豪族も多い。近江王朝は多くの亡命百済人を宮廷官吏や軍事力として抱えていたらしい。

そしてその後の日本人を、単一の稲作文化集団として描く従来のイメージは、全く幻想であったことが近年の研究で明らかにされている。網野善彦[44]は、漁民兼水運商人のような部族や、山林を歩き回る部族や、芸能者、職能民などが広く存在し、これらの人々が、文化的に多様な日本列島の諸地域や、琉球、中国、朝鮮半島、沿海州、アイヌ等から東南アジアやさらには南米に至るまで、広く交易を担ってきたダイナミックな様子を描き出している。これが、古代から江戸時代まで一貫する日本列島の常態だったのである。江戸時代の人口の八割弱は「百姓」と記録されているが、これは農民だけを意味する言葉なのではなく、漁業や水運、手工業等々、様々な生業にたずさわっている民衆を表わしている。自ら田畑を持たない百姓は、江戸時代の分類ではいわゆる「水呑百姓」に記録されるが、網野は、奥能登の港を拠点に手広く海運を営む豪商が、水呑百姓の分類に入っていたことを発見している[45]。従来思われていたよりもずっと多くの人々が、交易をなりわいとして食っていたことがわかってきたのである。

それゆえ、あえてリスクを背負って冒険に乗り出し、見知らぬ人も含む幅広い人々と協力しあい、取り引きし、自分も他人も共によりよくなることを目指すという開放個人主義の原理は、この日本列島の地においても、太古から脈々と続いてきたのである。

身内集団倫理は一部の倫理観だった

たしかに文武の権力を握る集団は、日本を均一な身内集団として統治しようとしてきた。古代王朝は自然条件を無視した巨大な直線道路をめぐらし、東北地方や南九州や朝鮮半島にまで大軍を送った。[46] そんな支配者達の作り出すイデオロギーは、身内集団原理の倫理観に立つものが続いてきた。統治者としては当然である。

しかし、その一方で、商取引などに従事する民衆の間では、開放個人主義倫理の思想が、体系化もされず文字にもならない形で、受け継がれてきたに違いない。「花咲か爺さん」のような正直な働き者が報われる教訓話や「炭焼き長者」のような異種生業の者との結婚で幸福になる話、「わらしべ長者」や「笠地蔵」のような商品交換肯定話はたくさんあるし、しかも各物語で類似の話が海外にも交易圏にそって分布しているようにも見える。戦国時代には、人為や人間集団を超越した「天道」という概念が発生し、西洋人の渡来前にキリスト教受容の前適応を成したと言う。[47] これなどは、当時の商人経済の勃興——東南アジア等も包含する大市場圏の成立にまで向かう[48]——に対応したものだろう。そして、本格的に初期資本主義経済が始動しはじめた江戸中期に至って、石田梅岩思想などの商人道倫理に結実したわけである。

身内集団原理の固まりのように思われる武士にしても、上位者への絶対忠誠を掲げる「武士道」にまで純化したのは、実は、本物の戦争などなくなった江戸時代に入ってからである。[49] 鎌倉時代の御家人達を見ていると、契約観念も財産権の権利感覚も、まるで近代人を見ているようである。忠誠はあくまで土地保証の恩賞と引き換えであって、その契約があわなかったら主人は取り替えられる。しかもみんなして年中民事訴訟ばかりしている。

戦国時代の武士達も、金や領地で雇われている存在で、条件があわなかったらいくらでも主家を乗り換えた。全国統一されて恩賞に与える土地がなくなったとき、はじめてこの契約原理は機能しなくなったのである。だから豊臣秀吉は朝鮮侵略によって新たな恩賞地を作り出そうとしたわけであるが、それは成功しなかった。最後に天下を握った徳川家にとっては、何も与えなくても臣下に絶対の忠誠をつくしてもらう必要があった。そこではじめて、「武士道」が作られたのである。

結局、このような高々江戸時代以後の一部の支配階級に生まれた倫理観にすぎないものが、明治維新後全国民に強制され、先の大戦で多くの人命を犠牲にし、そして今も市場社会という現実とのギャップで様々な問題を引き起こしているのである。

幕末の商人道対武士道

江戸時代も終わり頃になってくると、商人の財力は各地の赤字大名達から金づるとして目を付けられ、巨額の賦課金が何かと取られるようになる。借金の申込も増え、多くは踏み倒されるようになる。これに足をとられて、多くの商家が没落し、あるいは倒産の危機に陥った。近江商人の中井源左衛門家では、仙台藩へ追い貸しを重ねた不良債権が焦げ付いて、とうとう仙台店が閉鎖に追い込まれ、当主が奉公人から責任を追及されて強制隠居させられている。(50) また、江戸中期の話だが、三井高房は焦げ付く借金に武士不信が嵩じ、大名や旗本への貸し付けをやめてしまい、それまでに貸した分は損金処理してしまう[51]。近江商人の外村与左衛門家は、名古屋を重要な得意先としてきたのだが、尾張藩からの借金の申し入れを断っている。そして名古屋への出入り禁止は覚悟の上だが、もし禁止したら他の近江商人も来なくなり、名古屋は衰退するぞと「恫喝」している[52]。

こうして商人階級の側の武士不信が高まっていく一方で、武士道の側も、商人道隆盛の影響を受けて変化していくことになる。当時、商人道思想の要諦になっていた「神仏のコントロール不可能性」の感覚が一般人にもかなり普及し、神仏は加持祈祷などとは関係ない道義的存在で、心を正しくすれば「祈らずとても神や守らん」と考える風潮が広まっていた。これに対して、はげしく反発したのが、誰あろう本居宣長[53]だったのである。彼は、「いのらずとても」という風潮を、「神をなほざりに思ひ奉る世のならひ」と言って慨嘆した[54]。宣長が理屈っぽい儒教を目の敵にして攻撃したとき、本当に念頭においていたのは、心学の世俗儒教だったのではないかという気もする。こうして純粋化していった国学が武士道に影響を与え、水戸学や吉田松陰の尊王攘夷思想につながっていくのである。

開国後、身内集団原理を極める攘夷思想に狂った武士達は、貿易商人に対して「天誅」と称するテロを繰り返した。もちろん、外国人は外国人というだけで問答無用の無差別テロの標的である。ではこのとき、一般民衆はどうしていたか。橋川文三[55]は、オールコックの『大君の都』やゴロヴニンの『日本幽囚記』などの文献から、この頃の日本の民衆が外国人に敵意を示すことが極めて少なく、むしろ心温まるヒューマニズムを見せていたと論じ、武士階級の排外主義との間の対照性に着目している。

筆者はこの代表例として「ディアナ号事件」をあげたい。一八五四年一一月、開国交渉をしていたロシアのディアナ号は、下田港に停泊中のところ、安政大地震と大津波で大破。伊豆の戸田湊の修理地を目指して航行中大しけにあい難破した。このとき、事件に気づいた付近の宮島村の村民千人がやってきて、脱出した五〇〇人の乗組員を冬の早朝に救助し、納屋を作り、毛布や綿入れ、履物、酒、食料を差し入れた。村民達自身も、地震でほとんどが家屋を失っていた被災民のはずである。しかも外国人との接触は禁じられていたのに。

これが平民の良識だ

もともと、難破などで日本に現れた外国人に対して、日本の民衆はいつも親切な対応をしてきたのである。筆者がざっと、インターネットで調べただけで、次のような事例が見つかった。

一六〇九年、台風で漂流していたスペイン船、サンフランシスコ号が、田尻海岸に座礁して大破。岩和田の村人が総出で救助活動を行い、乗組員三七三人のうち三一七人の命を助け、手厚くもてなした。一七八〇年には、漂流する清国船の乗組員七八人を、安房国朝夷村の村民が、激しい波風の中、小舟で救出している。一八四〇年には、沖縄の北谷村で、難破したイギリス船、インディアンオーク号の乗組員六七人を村人が救助し、小屋を建てて、食料や衣服を提供している。一八六四年には破船したイギリス船アスモール号の乗組員を下北の大間村の村民が嵐の中救助し、日本では食用でなかった牛を殺しまでして看護した。

維新後も同様の話はしばらくはつきない。一八七一年には、難破したドイツ船ロベルトソン号の乗組員を宮古島の村民が救助、保護している。一八八五年にはアメリカ船カシミヤ号が難破して、乗組員が種子島に漂着。村民の手厚い救助活動を受けている。一八八九年、座礁したアメリカ船チェスボロー号の乗組員を、青森県車力村の村民が荒海に磯舟を出して救助、手厚い看護を行った。一八九〇年にはトルコ船エルトゥールル号が紀伊半島南端大島付近で台風に巻き込まれて沈没。大島の村人が捜索、救助した六九名を交代で人肌で暖めて救命し、衣類や食料を持ち寄って看護した。同年、台風で難破したカナダ船トゥループ号の乗組員のうち一二名を、鹿児島県沖永良部島知名の村民が必死の救助活動で救出、生存した一〇名を一七日間にわたって献身的に看護した。一八九二年には、嵐で難破したイギリス船ノースアメリカン号の乗組員を、徳島県志和岐の村人が総出で荒海に小舟を漕いで救助した。一九〇〇年、難破して長く漂流していた韓国船の乗組員九三名を、福井県泊村の村民が救助し、分宿して一週間手厚く保護した。一九〇四年には、難破したイギリス船ドラム・エルタン号を種子島の村民が救助し、船の修理を助け、二ヶ月にわたって生活のめんどうをみている。また同年、日本海海戦で破損したロシア艦イルティッシュ号が島根県沖で沈没し、付近の和木の村民が交戦中の敵国であるはずの乗組員二三五名を救助して保護した。

これが、日本の名もない民衆の「良識的感覚」だったのだ。戦いのない時代の武士道がどんどん思考を純化して、いざ本当の戦争が始まったら、会津藩士を勝てるはずのない絶望戦に駆り立てて全滅させ、女も子供も自刃させ、後年には六千の不平士族をあの世に飛び込ませていたとき、武士道など知らない民衆は、見たこともない異人の命を救い、苦しみを取り除こうと、必死になっていたのである。(そういえば、戊辰戦争下の会津若松で、敵味方なく負傷者を手当てした瓜生岩子は、商人の町喜多方の商家出身だった。[56])

この章の最後に、鎖国前の南蛮貿易商、角倉素庵が定めた角倉家の家訓「舟中規約」を吉田豊の現代語訳で掲げておこう。[57]当然、まだ石田梅岩思想もないころだ。遠い祖先は近江の出らしいのだが、近江真宗を知っているわけでもなさそうである。それでも、そこに商業活動があるかぎり、必ずこのような思想が生まれるのである。ここには、後の商人道の徳目がすでにほぼそろっている。しかも外国人が取引相手であるだけに、その普遍主義的性格が際立っているではないか。

一、そもそも貿易の事業は、有無相通じることによって、他にも己にも利益をもたらすためのものである。他に損失を与えることによって、己の利益を図るためのものではない。ともに利益を受けるならば、その利は僅かであっても、得るところは大きい。利益をともにすることがなければ、利は大きいようであっても、得るところは小さいのだ。ここにいう利とは、道義と一体のものである。だからいうではないか。貪欲な商人が五のものを求めるとき、清廉な商人は三のもので満足すると。よくよく考えよ。

一、異国とわが国とを比べれば、その風俗や言語は異なってはいるが、天より授かった人間の本性においては、なんの相違もないのである。おたがいの共通するところを忘れて、相違したところをふしぎがり、あざむいたり、あざけったりすることは、いささかもしてはならない。たとえ先方がその道理を知らずにいようとも、こちらはそれを知らずにいてよいものであろうか。人のまごころはイルカにも通じ、心ないカモメさえも人のたくらみを察する。天は人のいつわりを許したまわぬであろう。心ないふるまいによって、わが国の恥辱をさらしてはならない。

もし、他国において、仁徳にすぐれた人と出会ったならば、これを父か師のように敬って、その国のしきたりを学び、その地の習慣に従うようにせよ。

一、上は天、下は地の間にあって人間はすべて兄弟であり、ひとしく愛情を注ぐべき存在である。ましてや同国人同士においてはなおさらである。危険に会い、病におかされ、寒さや飢に苦しむときは、ただちに助け合わねばならぬ。一人だけ、そこからのがれるようなことは、決してしてはならない。

一、荒れ狂う大波は恐ろしいとはいえ、果てしない欲望が人を溺れさせるのに比べれば、まだしもである。人の物欲は限りないとはいえ、酒や色情が人を溺れさせることの恐ろしさに比べれば、たいしたことはない。同行者同士は、このことをよく戒めあって、誤りを正していかねばならぬ。

古人もいっている。真の危険な場所とは、寝室や飲食の席にあるのであると。まことにそのとおりであって、大いにつつしまねばならぬ次第である。

補　論——江戸期商人道の一源流としての鈴木正三思想

下関市立大学の川野祐二は、筆者達が前任校で実施してきた公開講義で、毎年講義をして下さっており、この公開講義に基づく筆者達の共著書にも協力いただいている[58]。ここ数年、川野には「江戸期の商人道と明治の実業倫理」と題する講義をしていただいており、この内容は、二〇〇八年二月四日に、JR大阪駅前の大阪市立大学サテライトで行った久留米大学産業経済研究所の公開研究会「市民事業と商人道——現代のまちづくり・市民事業に通じる心意気」でも報告されている[59]。

ここで川野は、渋沢栄一（一八四〇—一九三一）に代表される明治期の志ある実業の源流を、江戸期の商人道にたどっている。すなわち、渋沢は、今日の名の通った一部上場企業のほとんどを含む約五百の会社を作り「日本資本主義の父」と呼ばれているが、それは日本の近代化のために必要と思ってやったことである。それゆえ自分一人で出資して大財閥を作ろうと思えばいくらでも作れたにもかかわらず、「合本主義」と称して多くの人に出資を求め、決して自分の名を冠したりして事業を独占することはなかった。そして、「義利両全」「公益と私益の一致」を掲げ、生涯で約六百の社会事業を行っている。

川野は、この渋沢のいわゆる「道徳経済合一説」は二宮尊徳（一七八七—一八五六）の「経済道徳融合説」の影響を受けていると言う。さらにこの二宮尊徳は、石門心学の影響を受けていると言う。彼が村の復興をするときには、最初は石門心学の講釈師を呼んでくるそうである。

そして、その石門心学の開祖石田梅岩に影響を与えた者として、川野が最終的にさかのぼっているのは江戸時代初期の鈴木正三《しょうさん》（一五七九―一六五五）である。鈴木正三は、徳川家康といっしょに戦場を駆け回った三河武士だったが、後に出家する。川野によれば、正三自身は悟りを開きたくて出家したのだが、いろいろな人から「出家して悟りを開きたい」と相談されると、「そんなことするな」と必ず言ったそうである。在家であっても、どんな職業であってもそれを一生懸命することが仏業をやっていることと同じだと言う。そしてそのような思想を、仏教の本であるにもかかわらず、漢文ではなく仮名で書いている。川野はここから、正三がこの考えを最初から大衆化することを目論んでいたのだと言うのである。

実際、正三の主著とも言える『万民徳用』を読んでみると、石田梅岩や近江真宗同様、特別の修行や加持祈祷ではなく、働くことそれ自体を仏教修行とみなす叙述が随所に見られる。「世間に入得すれば出世あまりなし（世俗に入ってそれをわがものとすれば仏法が完全に実現される）[60]」という言葉は二回も出てくる。

そして武士に対しては、この言葉に加え、「仏法世法二にあらず（仏法と世俗の法は別物ではない）」「仏法も世法も、理をただし、義を行ふて、正直の道を用ゆるの外なし」と言う[61]。農民に対しては、「農業即ち仏業なり[62]」「それ農人と生を受くることは、天より授け給る世界養育の役人なり。

さらば此身を一筋に天道に任せたてまつり、かりにも身のためをおもはずして、ただしく天道の奉公に農業をなし、五穀を作りいだして、仏陀神明をまつり、万民の命をたすけ、蟲類等に到るまで施すべしと大誓願をなして、一鍬一鍬に、南無阿弥陀仏なむあみだ仏ととなへ、一鎌一鎌に住して、他念なく農業をなさんには、田畑も清浄の地となり、五穀も清浄食と成て、食する人、煩悩を消滅するの薬なるべし[63]」と言う。

職人にあてた文章では次のように言う。

「本覚真如の一仏、百億分身して世界を利益したまふなり。鍛冶番匠をはじめて、諸職人なくしては、世界の用所、ととのふべからず。武士なくして世治まるべからず。農人なくして世界の食物あるべからず。商人なくして世界の自由成るべからず。この外あらゆることわざ、いで来て、世のためとなる。天地をさたしたる人もあり、文字を造りいだしたる人もあり、五臓を分けて医道を施す人もあり。その品々、限りなくいでて、世のためとなるといへども、唯これ一仏の徳用なり[64]。」

そして商人に対しては、「売買をせん人は、まづ得利の益べき心づかひを修行すべし。その心遣と云は他の事にあらず。身命を天道になげうつて、一筋に正直の道を学ぶべし[65]」「此売買の作業は、国中の自由をなさしむべき役人に天道よりあたへたまふ所也と思ひ定めて、此身は天道に任せて得利を思ふ念をやめ、正直の旨を守て商せんには、火のかはけるにつき、水の下れるにしたがひて、ながるゝがごとく、天の福、相応して、万事、心に叶ふべし[66]」と言う。

ここには、プロテスタントが“calling”とか“Beruf”と言う言葉と、ほとんど誤差なく対応する「天職」概念が読み取れる。だからプロテスタントと同じく、一生懸命天職に尽くすことがそのまま宗教行為になるのである。すべての職分が一つの仏から出たもので、商業も卑しむべきものではないとされる。それゆえ結果としての利潤は肯定されている。

このような鈴木正三思想と近江真宗との影響関係については、興味深いが、筆者の知識の及ぶところではない。正三自身は禅宗の僧であり、おまけに密教にも興味を持っていて、真宗では存在しないことになっている妖怪、怨霊のたぐいを本気で信じている。(67)しかも、熟年期にいくつもの寺を復興したり建てたりしたが、その中に浄土真宗のものはなく、晩年にははっきりとそれを拒否している。(68)

しかしそれは、浄土真宗の神仏習合を拒否する一神教的排他性を嫌ってのことだったようである。(69)上記の農民向けの言葉にも出てきたように、ほかならぬ念仏を説いているし、それは浄土真宗の教義を深く理解した上でなされている。(70)しかも、正三の教義は、真宗同様の一神教的性格を強くもっており、比較的若い頃の『盲安杖』の往生念仏についての主張は、親鸞の思想そのものだと言われる。(71)上記に引用した職人向け文章でも、唯一仏の「分身」として各職業が根拠づけられており、一神教的普遍主義が際立っている。その意味で、近江真宗と共通する基本的思考の枠組みがあることは否定できないだろう。

他方、石田梅岩への影響についても、興味深いが、「正三の利潤承認論や職業倫理思想などがどのような部分で石田梅岩の思想に重なるかについても、関係が強い、というところまで研究は止まっている」[72]とのことである。

なお、勤勉そのものは商人道だけの徳目ではなくて、武士道側にも共通するものである。鈴木正三の思想が『葉隠』に影響を与えたことは、よく指摘されていることである。「『葉隠』を口述した山本常朝は、正三の『驢鞍橋』を身近に置いていたに違いない。『葉隠』に正三の名前が出てくるとか、同じ話が両書に見られるといった程度の投影ではないことがわかる」[73]。正三は、無常なこの世の我が身への執着を捨てて、我が身を主君のものと思って生死を超越した奉公をするのが武士の務めだと説き、それを「死に習う」と表現した。それが『葉隠』に至って、「死に狂う」と表現され、我を忘れて「死に狂う」奉公の中にこそはじめて忠孝がこもるという主張になった[74]。

勤労倫理は、それだけでは商人道のような開放個人主義型倫理になるわけではない。何らかの普遍主義的な根拠づけがあってはじめてそうなる。プロテスタントも近江真宗も石田梅岩もそうだった。この世の何者の人為をも超越して公平無差別な絶対慈愛者のための、見返りを期待しない宗教行為という位置づけだった。上述の通り、正三思想の根底にはこれにつながる図式があり、その点を突き詰めれば商人道に行き着く。

私見では、このような開放個人主義型宗教に特徴的な一神教的普遍主義は、他方の身内集団原理のための価値規範にはならないわけではないが、もしなった場合には、往々にして他の異質な身内集団の存在を許さない侵略的性格を持ってしまう。

幸か不幸か、鈴木正三は表面的な一神教否定のためにその点がぼかされている。先述の宗教行為としての勤労の唱導にしても、さもなくば、世俗の困難に陥ったり、地獄や畜生道や餓鬼道に落ちたりするぞとの脅しとセットであり、人為でコントロール不可能な絶対他力にまで高められていない。このような曖昧さゆえに、正三思想は根底にある一神教的側面がぬぐい去られることによって、武士道の源流の一つにも容易になり得たと同時に、それが侵略的性格を持つことが防がれたのであろう。

Part 3

「大義名分──逸脱手段」のシステムの落とし穴

第1部では、人間関係のシステムが身内集団原理と開放個人主義原理に二分され、そのそれぞれにふさわしい相異なる二体系の倫理が生じることをみた。そして、今日の日本では身内集団原理社会システムが崩れているのに、倫理観は身内集団原理のものが持続していることが、様々な不祥事や社会腐敗の原因になっていることを論じた。

第2部では、新しい開放個人主義原理の社会システムと整合する倫理観は、明治維新以前の日本社会の中に確実にあったこと、特に江戸時代の商人道がそれだったことを見た。ところが明治維新政権は、それまでは少数支配層でしかなかった武士の身内集団倫理観を、学校教育を通じて全国民に押しつけた。しかし、身内集団倫理に硬直的にしたがっていたのでは、西洋資本主義文明を取り入れることはできない。そこで出来上がった仕組みが、「大義名分―逸脱手段」の社会システムだった。

第3部では、この「大義名分―逸脱手段」システムの特徴を分析し、それがひとつ間違えば社会を破滅に導く本質的欠陥を持っていることを論じる。

第六章　「大義名分―逸脱手段」図式
――身内集団倫理と市場取引の一両立方法

1　近代日本の特質としての「大義名分―逸脱手段」図式

明治維新国家の難問――身内集団倫理と近代化の矛盾

江戸商人道の倫理は、その後も関西地方を中心に長く影響が残った。

しかし、実際に封建体制が倒れて近代資本主義国家への道を歩みだした日本が、公式に採用した倫理観は、梅岩流商人道でも欧米的個人主義人権倫理でもなかった。列強の圧迫に迫られた日本は、町民階級が自らの思想を押し立てて封建体制を打倒するに至るまで、社会の成熟を待っている余裕はなかった。明治維新で権力を握ったのは、薩長土肥の下級武士である。それゆえ、明治維新政府が採用した公式倫理はやはり、彼ら武士の倫理たる身内集団原理の倫理であった。明治政府は義務教育制度を導入し、「修身」科目をはじめとして、学校教育を通じてこの身内集団原理の道徳観を、全国民に押し付けていった。それまでは武士階級という、人口の七%という一部の身分の者の道徳にすぎなかった道徳を、商工業者を含む全ての職業の者の子供に植え付けていったのである。

だが、明治維新国家は近代化をしなければならないのである。そのためには領主制の貢納経済を廃止し、本格的な資本主義経済を生み出さなければならない。すなわち、利潤を目的として市場取引することが公然と全面化した社会を作らなければならない。これは本来なら商人道のような開放個人主義倫理がメジャーになるべきことを示している。これは維新政府自身の唱道する倫理体系と矛盾している。

同じことは科学技術についても言える。欧米列強の圧迫下で近代化を遂げるには、西洋の科学技術を取り入れることが不可避である。ところが科学もまた、本来なら開放個人主義原理のエートスがあってこそ発展するものである。合理的思考、普遍妥当性の追求、隠し事のない知的誠実さ等々。しかしこれらの態度もまた、学問で分別がついたらいけないと『葉隠』が言ったように、身内集団原理の武士道倫理とは相容れないものである。

いったいこれをどのように解決したのだろうか。清国は、科学技術と資本主義を本格的に取り入れるとそれに附随する精神も入ってくると考えて、旧来の身内集団原理の体制の一貫性を守ることを優先した。その結果、近代化に遅れをとって、欧米列強に太刀打ちできずに半植民地化されてしまった。この轍は踏まないということが明治政府の強い教訓だったはずである。

「大義名分からの手段の分離」という図式

そこで明治政府がとった解決が、「和魂洋才」であった。

すなわち、倫理観の中心には武士道由来の身内集団原理がしっかりと据え付けられる。これが「大義名分」となる。それに対して、利潤追求の市場取引や科学技術は、この目的のために奉仕する「手段」とされる。ただの手段だから、それ自体倫理の裏打ちはない。市場取引や科学研究に従事することそれ自体は、多かれ少なかれ、中心にある倫理観からの逸脱ということになってしまう。逸脱なのだが、結果として中心原理の目的に役立つ限り、この逸脱は正当化されて大目に見られるのである。「手段」それ自体は倫理外の便法扱いなのだから、「手段」が私利私欲に走る歯止めは、「手段」自身の中に直接にはない。

したがってこの、大義名分たる中心倫理とそのための手段との間がルーズになって、大きく離れることができることが、その後の日本社会の顕著な特徴になる（**図表6—1**）。このことは、急速な工業建設を成し遂げるためにはとてもよく役立ったのだが、その代わり、今日に至る日本社会の中に様々な病理をもたらす原因になった。

精神分析学者の岸田秀が、近代日本のことを、今日の言葉で言う「統合失調症」と診断しているのは、その一側面をよくとらえている。すなわち近代の日本人は、「手段」に従事する自己（外的

図表6—1　大義名分からの手段の分離

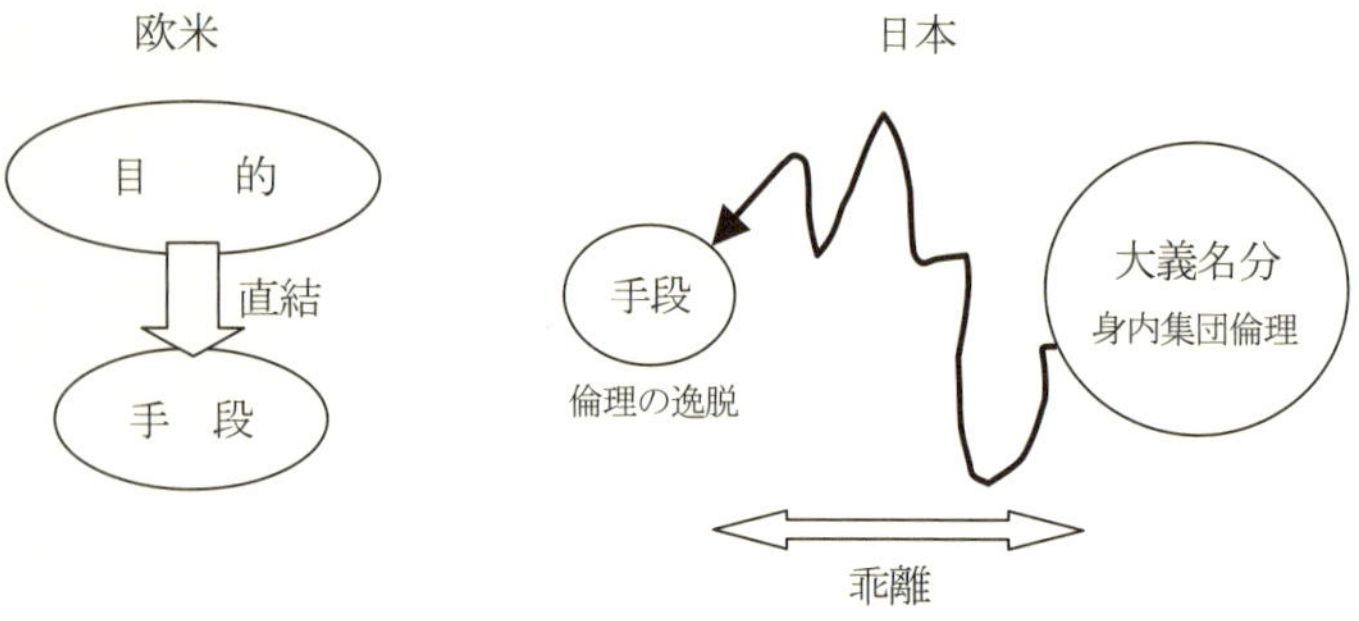

自己）と、「大義名分」たる価値観にふける自己（内的自己）とが分裂していると言う。外的自己がひたすら現実に適応すればするほど、内的自己は「こんなのは本当の自分ではない」と考えて現実無視の妄想に引きこもるというわけである。近代化のために欧米の物まねをして協調外交につくす姿は、外的自己の象徴である。それに屈辱感を覚えて皇国史観の妄想に閉じこもるのが内的自己である。この分裂が行き過ぎると、現実感覚を失った内的自己が突然現われる。いわゆる「キレる」のである。それが日米開戦だったのだと言う[1]。

この「分裂」は、岸田が説明しているような、精神分析学的な自己像だけにとどまるものではなかった。社会のあらゆる側面で、この「大義名分からの手段の分離」という図式が貫かれてきたのだ。「手段」がいくらでも泥をかぶりながら、「大義名分」は手を汚さず美しいままでいるという図式である。欧米のドラマの悪のボスはテープか何かで事細かに指示し、「このテープは自動的に消滅する」などと言って爆発させる苦労をしなければならないが、日本の時代劇の悪のボスは、目配せしてちょっと首をふるだけである。そしたら手下が勝手に「ハッ」と言って飛んでいく。いたるところにこの図式がある。

例えば、筆者の近親者が勤めていたある銀行の例だが、銀行が「深夜の取り立てはしないこと」などというマニュアルを作っておきながら、現場の行員は行きたくないのに深夜の取り立てに行っていたそうである。取り立てに行くのは実は暗黙の銀行の意思なのである。みんなその「空気」を読んで行っているのである。しかし、何かあったらマニュアルをたてに、現場の行員の逸脱として行員が責任を取らされるのである。

また、従来、官僚は業者に文書ではっきりと指示したりせず、ほのめかしみたいなもので動かしておいては、何かあったら自主的判断ということで業者の側が責任をとらされる仕組みになっていた。官僚が外郭団体や業界団体を多用して、自主的企画の形で政策事業をやらせ、実は補助金その他の手段で最初から裏で事業をコントロールしているという構図もこの一環である。一番甚だしい例では、内閣調査室が最初できたころ、元特高警察達に調査会社を作らせて、そこに機密費から依託する形で、反体制団体等への工作を行っていたという話がある(2)。政府自身は決して手を汚さないのだ。

日本の戦争犯罪も「大義名分—逸脱手段」

もっと大きな話では、日本の戦争犯罪の特徴もまた、この図式で説明できる。

ナチスのユダヤ人虐殺も、アメリカの原爆投下も、中心目的たる国家意思と直接につながっていた。ナチスは、最も効率的なユダヤ人抹殺法をトップレベルで合理的に計画して、文書にして体系的に遂行した。原爆投下もそうである。国家意思が正義と掲げて遂行されたわけだから、その正当性がくつがえると国家の中心目的の大義がくつがえる。

しかし日本の戦争犯罪の大方はそうではなかった。日本の場合「大義名分」はあくまで美しいものを掲げ続ける。「大東亜共栄」とか「五族協和」とか。その手段として、強姦、略奪、殺人の数々がなされたのだが、それらはあくまで「大義名分」からの「逸脱」とされる図式があるのである。末端兵士が犯した強姦・略奪から、スパイ疑惑による住民殺害、慰安婦や鉱山労働力等の不法な徴集、南京攻略とその後の虐殺、さらにはそもそもの満州事変に至るまで、ほとんどの戦争犯罪が、何らかの意味での現場レベルでの逸脱として、言い逃れができる構造になっている。

現代の国粋主義者達が、日本の戦争犯罪をいかに正当化しようとしても、現実に行われた強姦や略奪や殺人の数々はごまかしようがない(3)。彼らの言い訳は、とどのつまり、それらは国家意思からの逸脱だということに行き着く。「日本はナチスとは違う」というのがその際の強調点である。

しかし、むしろ本当に問題にしなければならないことは、この日本的構造それ自体なのである。結果として大義名分の中心目的にかなう限り、逸脱を大目に見て中心目的の利益に資するという、全体的な構造自体が、裁かれなければならない当のものなのである。

満州事変のような重大事からして、政府や軍中央の命令なしに起こった関東軍の暴走だったわけだが、結局うまくいってしまえば、事態は国家意思によって容認されていった。日中戦争の開始も現場の独走だったが、始まってしまえば、むしろ内閣の方が熱心になってしまった。南京攻略も、上層部からのとどまるようにとの命令を現場諸部隊が無視して行なったのだが、成功してしまえば、国家体制をあげての大喜びになった。現場兵士による虐殺は、旧日本陸軍関係者の推定(4)でも、捕虜の無裁判での殺害や一般市民の殺害あわせて三万人強の犠牲者を出したらしい(5)が、もちろん誰も処罰を受けなかった。

ソ連と日本軍が衝突したノモンハン事件も、陸軍中央からのおとなしくしておれという命令を無視して、関東軍が独走したため起こったものだが、結果は壊滅的だった。すると戦死を免れた最前線の指揮官達はことごとく自決に至ったのに、関東軍本部で指揮をとった作戦参謀は、ほとんど責任をとることなくその後も南方の戦争指導を続けた(6)。うまくいけば現場の逸脱はおとがめなしだが、失敗したら現場だけが責任をとらされるのが、「大義名分─逸脱手段」原理の特質なのである。

日米開戦となった真珠湾攻撃も、宣戦布告前にだまし討ちで行うつもりはもともとなかった。アメリカの日本大使館の外交官達がそろって前夜、送別会で飲んでいて、当日は日曜日ということもあって遅れて出勤したら、開戦通告の電報文が届いていたのである。しかも、重要文書ゆえ秘書（現地人、普通は当然現地政府のエージェント）にタイプさせずに一等書記官自身がタイプせよとの本国の指示があるため、全くなれない一本指で雨だれ式にタイプしていた。かくして開戦より一時間半も遅れてアメリカ側に手渡されることになったわけである。日本側の暗号はとっくにアメリカ側に解読されていたから、アメリカの国務長官は日本大使が開戦通告を持ってくるのを困惑しながら待っていたという[7]。逸脱どころか、まさに歴史的大失態なのだが、この大使館員らが処罰を受けることはなかった。日本側では、このおかげで奇襲が成功したと思われたのだろう。

もっと勘ぐれば、曜日もタイプの指示ももしかしたらこうなることをあらかじめ図ってのことだったのかもしれない。当初は軍首脳も政府も宣戦前のふい討ち作戦で固まりかけていたのに、天皇と山本五十六の猛反対で宣戦を先にすることに変えられた経緯があるからである[8]。現場レベルの「逸脱」で当初のもくろみ通りふい討ちが実現できるなら、軍首脳の大方にとっては願ったりかなったりだったのである。

「特攻隊」というものも、実は始まる前に海軍中央で協議されているのに、そこで内諾されたのは、形式上は現地で発案された形を取り、中央から何も指令しないことだった[9]。

そして、この図式のまさに象徴が天皇だった。大本営の数々の命令はいちいち天皇の名で出され、その結果が様々な残虐行為や悲惨な作戦失敗をもたらしたにもかかわらず、天皇はあくまで平和を求め続けた美しい存在とされた。政府や軍部によるあらゆる愚行は天皇の真意を顧みない逸脱だった、という論理が受け入れられ続けたのである。

2 「大義名分—逸脱手段」図式の発想の一典型例——小林よしのりの場合

『戦争論』が守ろうとしているものは何か

ここで、「大義名分—逸脱手段」の図式をよく理解するために、この図式が非常にわかりやすく見て取れる発想をしている例をひとつ検討しよう。

小林よしのりという漫画家が一九九八年に『ゴーマニズム宣言スペシャル 戦争論』[10]を出して大センセーションを引き起こして以来、若者を中心とするこの国の雰囲気が、決定的にナショナリズムへと押しやられた。この本の内容は事実問題としては歴史学的検討に耐えない多数の虚偽を含むことは指摘されている通り[11]であるが、本当に基本的な問題はそのようなことにはない。やはり、類書の多くと同様、現場の残虐行為は国家意思からの逸脱だとする図式があるため、どのような事実がつきつけられても飲み込んでいける構造があるのである。むしろこの本の主題は、この「大義名分—逸脱手段」という近代日本図式そのものの擁護にこそあると言ってよい。

すなわち、白人帝国主義からのアジアの解放という「大義名分」が中心にあって、そこから逸脱する様々な残虐行為や植民地化の企みは、結果として大義名分のための「手段」として役立つかぎりで大目に見られる。そして実際、結果としてアジア諸国は独立できたではないか、というわけである。

当初から一貫している「大義名分—逸脱手段」図式

小林よしのりは、一般に薬害エイズ運動における共産党系弁護士の組織支配に反発したことを契機に変身したと言われ、本人も自分はいつでも主張を変えるのだと言って開き直っているが、実は違う。彼の『ゴーマニズム宣言』のごく初期から、その主張には一貫した公式が貫いている。それが、この近代日本の「大義名分—逸脱手段」図式の強調である。中心大義の活性化に役立つ限り、個々の特殊条件にかられた逸脱を大目に見る。そして逆に、逸脱がエキサイティングなものになるように、中心大義をしっかりと押さえるという図式である。中心原則だけに固執することは「純粋まっすぐ君」と呼ばれて批判されるが、中心原則なしに逸脱に開き直る立場は、「相対主義」「茶々松君」と呼ばれて排撃される。この両極端に陥らず、しかも両者が妥協しあった中途半端な中庸を求めるのでもなく、両者が徹底しあうことで相互活性化するべきことを主張しているのである。

以下では、このことを『戦争論』に至るまでの彼の作品から論証しよう。

一番分かりやすい例が、ごく初期の「性の解放」や「ヘアヌード」をめぐる議論である。そこで小林は、ポルノを否定しているわけではないのに、警察はそれをしっかりと取り締まるべきだと言う。中心原則としてしっかりポルノを取り締まっているからこそ、そこからの逸脱がエキサイティングになるというわけである。(12) この全く同じ図式が、不倫についての評論にも見られる。不倫は自分もするし、なくすべきものではないが、しかし不倫は責めていいと言っている。世間で抑圧されてこそ、そのタブーを破ることが甘美になるからというのである。[13] しかしこれはあくまで中心原則の活性化に役立つかぎりで大目に見られる逸脱だとされているのである。後に渡辺淳一の『失楽園』ブームを批判した章では、不倫の結果、日常生活を犠牲にしてしまうことは戒められている。[14] 同様の簡潔な発言に、「作家の狂気は常識に命綱つけてどこまで飛距離を伸ばせるかである。常識の柱をよほどしっかり固定しないと思い切り遠くへ飛べないだろう。」というものがあり、そこでは、裸の作者が大理石風の柱に身体をロープで縛り付けて四方に飛んでいる絵が描かれているが、「大義名分—逸脱手段」図式を見事に表現したものである。[15]

プロ信奉も運動論も同じ図式

小林思想の目玉たるプロフェッショナル信奉もこの図式の一環である。各自が自分の置かれた特殊性に没頭して徹底してこそ、中心大義たる全体社会が活性化するという図式なのである。部落差別に反対して小林が対置していることも、部落がなくなることではない。むしろ部落という各自の置かれた特殊性への没頭である。[16] 動物の解体のプロであることを誇れ、部落出身だから音楽の才能があることを誇れ、社会はそれを尊敬しろという論理である。しかし、この、プロの特殊性への没頭の称揚も、あくまで中心大義たる全体社会に役立つ限りで認められているものである。だから小林は、薬害エイズ運動の学生達がプロの運動家になることは認めなかった。[17]

小林によれば、運動は、中心にある「日常」を活性化させる限りでの、そこからの逸脱にとどまっていなければならない。「お祭り」みたいなものである。先に述べたヘアヌードや不倫と同じ位置にあるのだ。だから、本来中心原理におくべき「日常」を、薬害エイズ運動の学生達が忘れたことに怒ったわけである。(18) 彼は自分が去った後の運動が、役員肩書きを決めて組織化を進めたことをなげいていたが、(19) これは、楽しい非日常的逸脱であるべき運動に、シリアスな「日常」の原理が浸透したからであろう。

目的のためなら手段を選ばず、結果がよければ動機は問わず

小林は「目的のためなら手段を選ばず」とあちこちで言っている。薬害エイズで被告が勝つためなら、気に入らない共産党系の運動でも美しく書くし、(20)「テロ」も企む。(21) 上杉聰は、小林の叙述がしばしば重大な箇所を隠したり、敵の発言等について嘘をついたりしていることを指摘している。(22) これもまさに同じ「大義名分―逸脱手段」の図式である。本来なら、彼の敵であったオウム真理教にしても共産党系弁護士にしても、「汚い手を使うな」と一言言えば批判は済むはずである。しかし彼は、読者がそれを強く感じるような描き方はするが、直接それに類することは一言も言わなかった。「目的はなんであれ、サリンをまいてはいけません」とは決して言わないのだ。それは、目的に掲げる理念が正当ならば、そのためにサリンをまくことも正当化されると思っているからである。だから、オウムを批判するためには、彼らの目的を批判しなければならないということになり、麻原教祖の珍妙な教義を、よせば良いのにいちいち検討したりしている。(23)

小林の論点には、それとは別に、「結果の善し悪しで判断し、動機の善し悪しは考慮に入れない」というものもある。浅羽通明が小林の基本スタンスを、この「結果がよければ動機は問わず」という論点に集約し、「目的のためなら手段は選ばず」という論点もそこから導き出されるようにみなしたため[24]、小林自身もその後それを鵜呑みにしたようである。しかし、実は後者は前者から導きだされるものではない。浅羽は、「目的」は「結果」に対応し、「手段」は「動機」に対応すると思ったのだろうが、本来はこの対応は成り立たない。むしろ現実には「目的」は「動機」に、「手段」は「結果」に対応することが多い。もし、動機の善し悪しにかかわらず、結果の善し悪しで判断するものならば、第二次世界大戦での日本の行動は、「大東亜解放」という「動機」の善し悪しで判断してはならないことになるはずだ。日本人だけで三〇〇万人以上が死に、その他のアジア人の犠牲者を入れると数知れず、傷病者と孤児が焼け野原の荒廃しきった国土にあふれたというのが、厳然たる「結果」である。この「結果」の善し悪しによって判断しなければならない。

本当は小林の論理体系はそうではないのである。「中心大義のために役立つ限り、特殊にかられた逸脱を積極的に認める」という図式が基本にあり、「結果がよければ動機は問わず」も「目的のためなら手段は選ばず」も、共にこの図式から等しく導かれているのである。

だから「結果がよければ動機は問わず」と言ったが、正確には問わないわけではない。むしろ、中心大義と一見かけ離れた、個々人の背負った特殊条件の中の利害・感情に深く根ざした動機の方が、かえって望ましいと考えられているようなのである。つまり、小林自身のように、部落出身者に助けられた個人的恩義で反差別運動に加担するとか、目の前の薬害エイズ患者に同情して薬害エイズ運動に加わるとかという動機が望ましいとされるわけである。それに対して人権論や「誰でも身に降り掛かりかねないから」とかという、一般的抽象的動機は嫌っている。個人的利害もないのに黒人への差別表現をやめさせる運動をしている者は軽蔑されている。これもプロ仕事礼讃論と同様、各自の身に与えられた特殊性にかられた逸脱こそが、全体を活性化するという図式なのである。

これが『戦争論』段階の「公と個」論につながっている。小林の「公と個」論は、ただの全体主義にとどまるものではない。各自の中の「生きたい」とか「家族とすごしたい」とかという、「公」を逸脱した「個」の存在を積極的に肯定した上で、それを各自があえて抑え付けて「公」たる国家に殉じるべきことが説かれているのである。(25)

「大義名分―逸脱手段」図式は国粋主義に帰結する

実は、この「大義名分―逸脱手段」の基本図式がある以上、小林は遅かれ早かれ国粋主義に行き着かざるを得なかった。

欧米流、特にアメリカ流の行動規範は、「0か1か」である。ある基準点に達するまではすべての行動は「権利」であり、正当である。そしてその基準点を超えると、いきなり不法行為になる。すなわち、犯罪だから見つかると処罰される。しかし、「大義名分―逸脱手段」図式の場合はそうはいかない。「大義名分」をちょっと離れた行動をとったときからすでに「逸脱」なのであり、その時点でいくぶんかのやましさを感じなければならない。そして、「大義名分」からのズレが大きくなるにしたがって、だんだんと悪いことと思われる度合いが増していくのである。

「0か1か」の行動規範原理は、様々な価値観を持つ人々が暮らす社会で必要になる。ともかく権利と犯罪の境界となる基準点だけ覚えておけばいいからである。覚えられなければ法律の専門家に聞けばいい。それさえ守っておけば後は自由にできる。

しかし、「大義名分—逸脱手段」図式の場合は、完全な正しい行動から、完全な悪事までの間に中間が連続していて、曲線のグラフを描いている。どのくらい逸脱すればどのくらい大目に見られるかということは、その曲線自体を覚えておかなければわからない。これは幼い頃から長い時間をかけて身体で覚えるほかはない。

この場合、この曲線が異なっている別々の規範文化を身に付けた人どうしでは、逸脱が同程度だとしても、それへの寛容の度合いが食い違うので、しょっちゅう紛争が起きてしまう。だから、「大義名分—逸脱手段」図式をとる限りは、社会は、同質の規範文化を共有する人々の間でしか成り立たないことになってしまう。

これが小林の言う「国家」である。この概念を「国家機関」を頭において批判すると的外れになる。小林の言う「国家」とは、言わば「規範文化共同体」なのである。だからこそ、国家の範囲が「公」の範囲となっているのであり、国家を超える公共はあり得ないとされているのである。(26)

なお、小林の公式たる「大義名分—逸脱手段」図式は、和魂洋才以降の近代日本の根本図式そのものなのだから、当然そこにおいて中心大義に置かれている原理は身内集団原理にほかならない。これも『ゴーマニズム宣言』のごく初期から一貫しており、軸が揺らいだことはない。それは「秘書」がイエロージャーナリズムの攻撃を受けた時のエキセントリックな反応[27]に最も典型的に見て取れるが、そのほか、当時の厚生大臣の管直人が薬害エイズ患者に謝罪した行為によって人気を集めたことに対して、身内を売る行為との批判をしている回[28]などもによく見て取れる。

さて、それゆえ、このタイプの議論に対しては、個々の論点への反論をするだけでは批判として十分ではない。根本にある「大義名分―逸脱手段」の構図が社会システムとして本質的欠陥を持っているということを指摘してこそ、トータルな批判となるのだ。それこそが「歴史」を振り返る意義である。次章でそれを見てみよう。

第七章　「大義名分―逸脱手段」図式の破綻
――手段の暴走と中心目的による引っ張り返し

1　「大義名分」達成後の「手段」の暴走――大正から昭和初期

「大義名分」達成と開放個人主義原理活動の自由化

さて、明治維新以降の日本社会の「大義名分―逸脱手段」の構図は、「手段」である市場利潤追求活動や西洋技術導入が、「富国強兵」という国家の「大義名分」を、結果として実現している限りうまくいっていた。実業や西洋文明化に逸脱のやましさを感じながら、しかし究極においてそれは、身内共同体たる国家の役に立っているのだと、みな自分を納得させることができた。こうして遮二無二工業化を進め、維新後四〇年してロシアに勝って、日本は世界の一等国の仲間入りを果たした。当面の大目標の達成である。

しかしここから迷走が始まる。

いままでさんざん我慢してきたのだからもういいだろう――かくして、国家という身内集団の縛りが緩み、自由化が始まることになる。大正デモクラシーの時代の始まりである。藩閥独裁政治を倒すべく護憲運動が盛り上がる。労働運動も始まる。経済の自由化も進み、財閥が形成されて活躍する。同時に都市化が進み、モガ・モボに代表される新しい都市風俗がもてはやされた。

すなわち、中心大義からの逸脱とされてきたものが、いまや全面化したのである。市場での利潤追求活動や、西洋由来の議会制度、西洋都市文明等々が、大っぴらに背を伸ばすようになったのである。一言で言えば、開放個人主義原理の活動の全面化である。それゆえ、本来ここで必要になったのは、人々の倫理観もまた、その開放個人主義原理にふさわしいものに転換することであった。明治維新前に関西地方の商人層に根付いた石田梅岩由来の倫理観が残っていたならば、その役割を果たすことができたはずであった。

私利私欲追求に歯止めがなくなる

しかし、いささかでも維新前の民間教育を直接知る世代は、日本が日露戦勝で一等国になった頃、よくここまでやったわいとの感慨をもって、社会の第一線を退くことになる。やがて維新後五〇年たった大正時代に至ると、替わって社会の指導層を担っていたのは、明治以後の武士道型教育を学

図表7—1　「逸脱」の暴走

校で受けて育った世代ばかりになる。せっかく利潤追求活動や、議会制度、西洋都市文明等々が全面化できる時代になったのに、それを担うべき商人倫理を知る人々は現役世代にはいなくなってしまったのである。

維新後の「大義名分―逸脱手段」の図式では、市場の実業にも西洋技術にも、それ自体には倫理の裏づけはない。あくまで中心にある身内集団原理からの逸脱にすぎないのだから、大義名分の締め付けが緩くなったら私利私欲追求に歯止めがなくなる（**図表7—1**）。

やっと藩閥政治が終り、政党政治を実現できたのに、出来上がってみたら早速政党は党利党略・離合集散に明け暮れる。最終的に政友会と民政党の二大政党に落ち着くのであるが、政策思想の違いなどほとんどなくて、政争で足を引っ張りあうだけだった。

財閥は第一次世界大戦で暴利を貪るが、大戦後はバブルがはじけて恐慌。大量解雇や工場閉鎖で労働大衆にしわ寄せする一方、財閥自身はあいつぐ恐慌の中でも公金で救済を受けてかえって焼け太る。そしてついに世界大恐慌後は長期停滞である。ライオン宰相浜口雄幸はマスコミの煽る熱狂のもと、「明日伸びんがために今日縮むのであります」と称してデフレ政策をとり、かえって恐慌を悪化させてしまう[1]。その結果、大地主支配下の農村は疲弊して娘の身売りが相次ぐ惨状が続いた。それなのに財閥はこれを機会に中小企業を吸収し、さらには金本位制崩壊を見越した金流出投機でぬれ手に粟の大儲けをする。

本書冒頭で掲げた昭和初期の異常な猟奇的事件の数々は、このような情勢の中で起こったことなのである。すでに風俗には、大正時代から「エロ・グロ・ナンセンス」と言われる退廃の気風があふれていた。そうした荒廃した社会状況の中で、「死のう団」以外にも、大本教、「ひとのみち教団」、国柱会などの新興宗教が続々生まれていた。

昭和初期の少年犯罪

ちなみに、管賀江留郎の『戦前の少年犯罪』を読むと、このころの少年犯罪が量でも質でもいかにものすごいものかがよくわかる。巻末にこの時期の少年犯罪（少年関連事件）の年表が載っているので、その中から昭和一〇年の一年だけ、目立つものを抜き出してみよう[2]（**図表7―2**）。こんな調子のものが毎年続いているのである。

注意していただきたいのは、当時はテレビもない、マスコミ未発達の時代だということである。今日と違って報道されるに至らなかった事件が、この背後に膨大にあるだろう。報道が派手ではないから、模倣犯も起こらない[4]。それでもこれだけあるのである。今になって少年犯罪は戦後教育のせいだなどと言う論調が、いかに的外れであるかがよくわかると思う。

図表 7―2　昭和 10 年の少年犯罪の例[3]

・高等小学校校長が女生徒（満 14 〜 15 歳）と関係し袋叩き。
・20 歳（満 18 〜 19 歳）ら 6 人組不良グループ「猫団」。
・19 歳（満 17 〜 18 歳）が風俗店代のために放火。
・16 歳女子（満 14 〜 15 歳）が恋する警官に逢いたくて放火。
・20 歳（満 18 〜 19 歳）ら 2 人が日大相撲部員を日本刀で斬り殺す。
・20 歳（満 18 〜 19 歳）ら 2 人が銭湯で日本刀で斬り殺す。
・17 歳（満 15 〜 16 歳）少女が三原山の火口で心中未遂。
・小学校教師が女子生徒数十人をレイプ。
・18 歳（満 16 〜 17 歳）が同級生宅に脅迫状。
・17 歳（満 15 〜 16 歳）通り魔が女性 10 人以上を襲う。
・18 歳（満 16 〜 17 歳）が主人一家 3 人惨殺。
・19 歳（満 17 〜 18 歳）大学生が 12 歳年上の人妻と心中。
・18 歳（満 16 〜 17 歳）女中がなつかない幼児殺害。
・19 歳（満 17 〜 18 歳）が西園寺公望宅襲撃。
・16 歳（満 14 〜 15 歳）がヨットを盗んでシンガポール目指す。
・19 歳（満 17 〜 18 歳）が叱られ叔父を刺す。
・16 歳（満 14 〜 15 歳）が通行人とケンカしてめった切り。
・19 歳（満 17 〜 18 歳）女ら兄妹が従兄弟の赤ちゃんを営利誘拐。
・19 歳（満 17 〜 18 歳）4 人組が水着の女性を襲う。
・学生が女性 3 人と心中。
・16 歳（満 14 〜 15 歳）が 11 人の少女レイプ。
・15 歳女子（満 13 〜 14 歳）が幼女を誘拐殺人。
・17 歳（満 15 〜 16 歳）がクビの恨みで主人夫婦を切る。
・17 歳（満 15 〜 16 歳）が中学校で同級生をナイフで刺す。
・小学生二人が万引きして店員をナイフで刺す。
・17 歳（満 15 〜 16 歳）武器マニアが大量の銃窃盗。
・19 歳（満 17 〜 18 歳）がサイパン島で主人殺害。
・17 歳（満 15 〜 16 歳）の名古屋連続通り魔、女性 80 人襲い 1 人刺殺。
・中 1（満 15 歳〜 16 歳）がケンカで刺殺（その他ケンカで刺殺数件）。

2 「大義名分」による引っ張り返し――ファシズム運動から戦争へ

北一輝思想と農本主義思想

このような状況を受けて当然起こってくる動きは何か。世の中の中心「大義名分」に掲げている身内共同体原理を大々的に押し出してきて、私利私欲に逸脱しきった「手段」を引っ張り返そうという志向である（**図表7―3**）。北一輝思想や農本主義のようなファシズム思想の登場。右翼テロ横行。クーデター事件。これら昭和初期に沸き起こったことすべて、根底に共通する志向がある。国家共同体のためという目的を押し出して、私的な利益追求を抑えよう。世界で暴れ回る西洋由来の資本主義市場経済や西洋物質文明の怒濤の侵入から、古来の国家共同体を守れ。――このような志向である。(5)

北一輝のファシズム思想は「国家社会主義」と呼ばれる。一九一九年に書いた『日本改造法案』では、在郷軍人会を労兵ソビエトに模したクーデター権力によって、天皇大権のもと既存国家機関を破壊し、枢密院・貴族院・華族制は廃止、私有財産の上限を百万円として超過分を国家が没収、資本金一千万円以上の企業は国有化するというプログラムを掲げている。日本は「有機的不可分なる一大家族」とされている。私有財産を否定しているわけではないのだが、資本主義的な営利追求に対しては明らかに敵視する志向がある。(6)

図表7—3 「大義名分」による引っ張り返し

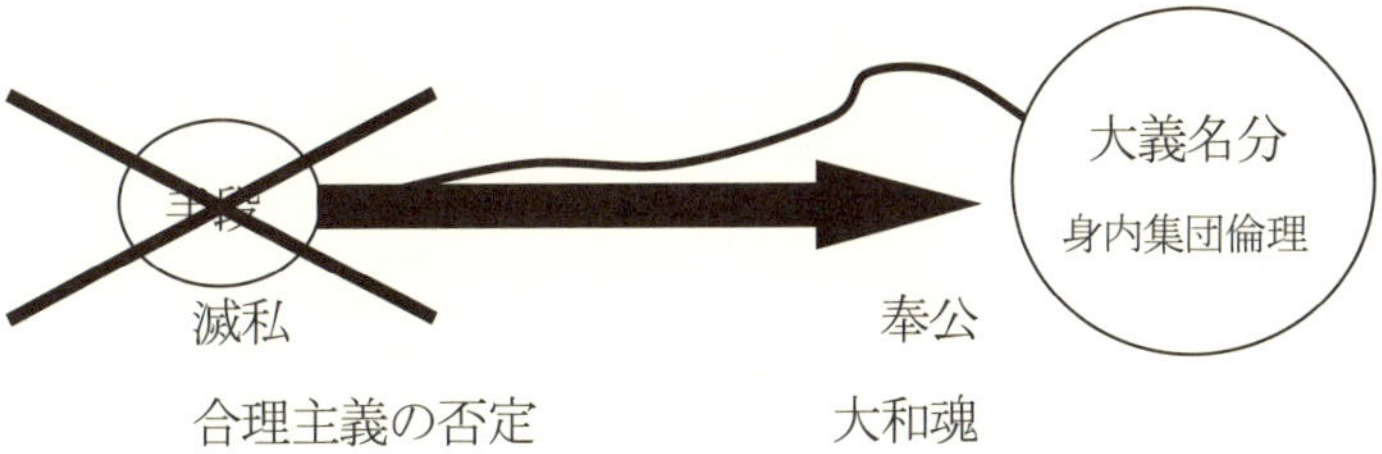

この本は発禁されるも、非合法のパンフレットとして青年将校達の間で広く読まれ、右翼運動の聖典とみなされるようになった。二・二六事件の決起将校は北思想の影響を強く受けていたため、北自身は反乱の首謀者扱いされて銃殺刑に処された。だがその後、国家社会主義思想は国家公認の革新思想として軍部や官僚の内部に浸透していくことになる。やがて総力戦体制下で軍部指導部は、北思想を体制の思想的起源の一つとして公然と認めることになる[7]。

　農本主義の方は、身内集団原理を押し立てた反資本主義や反西洋文明の志向がさらに濃厚である。丸山真男が「日本ファシズムの思想と運動」の中で批判的に引用している「日本村治派同盟」なる農本ファシズム団体の書記長の主張を孫引きすると、次のような典型的な身内集団原理の発想が述べられている。

　「日本の家族主義においては、社会の基調を西洋近代の文明諸国において見るがごとく、個人の権利の主張におかず、実に家族なる全体への奉仕におくのである。家族は社会上、一個の独立した生命体あるいは生活体としてそれ自身一個の完全細胞である。個人はこの完全細胞の一部分あるいは一要素たるにほかならぬ。…

この家族主義の延長拡大がとりもなおさず我らの国家主義でなければならぬ。けだし我らの国家主義はこの家族の民族的結合体にほかならぬからである。(8)」

そして丸山はこの思想系統の中に、強烈な反都会、反工業、反中央集権の志向を指摘している。そこで紹介されている橘孝三郎の主張をまた孫引きすると、

「御承知の通り、ただ今の世の中は俗に申せば何でも東京の世の中であります。その東京は私の目には世界的ロンドンの出店のようにしか不幸にして映りません。とにかく東京のあの異常な膨大につれて、それだけ程度、農村の方はたたきつぶされて行くという事実はどうあっても否定できん事実です。(9)」

と言っている。この橘思想こそ、五・一五事件の有力な背景になっているのである。

農本主義者は、「西洋唯物文明」を敵視し、それを母体とする「近代都市資本主義」は危機に瀕していると見た。(10)しかし他方で社会主義も中央集権や物質主義という点では資本主義と同じ穴のむじなで、単に物質的享楽を少数の人に限らず多数の労働者に分け与えようとするにすぎず、(11)機械的大工業の生産力を拡大しようとする危険極まる錯誤だとしている。(12)そして、それに代えて、農民による農村自治社会を展望した。太古から農村自治に基づく耕作文化を誇ってきた日本こそこの変革の先頭に立てるのであり、現実の農村の荒廃は明治以降西洋営利主義が入り込んでしまったためだとしている。(13)農本主義者が都市の工業労働者階級に対して否定的な評価をしていたことは丸山も指摘しているが、それは、農本主義の発想の基本には、「敵は都会の資本層と消費層」だとする「都

市対農村」の構図があるからである。[14]

満州事変直前にはファシズム運動の統合を目指す団体ができるが、その中の「全日本愛国者共同闘争協議会」は「資本主義の打倒を期す」と綱領に謳い、「大日本生産党」も、「亡国的資本主義経済組織の根本的改廃」とか「金融機関の国家管理」という項目を綱領に掲げていた。[15]

「逸脱」抑圧運動の広がり

さて、このような思想運動を背景に、五・一五のクーデター未遂事件が起きた。この参加者達は翌年軍法会議で裁判されたのだが、そのとき被告達が「支配階級は一君万民の大義に背き、農村の疲弊を放置し、国民精神を退廃せしめてついには皇国の精神を危うくする」と涙ながらに決起の信念を主張すると、周囲はみな泣き、百万通を超える減刑嘆願書が殺到した。純情無垢な青年が何の私心もなく国を思って立ち上がったという同情的世論が沸き上がったのである。その結果、一国の首相を殺害するというテロを実行しておきながら、みな比較的軽微な刑で済み、しかもみな数年後には皇紀二六〇〇年の恩赦で釈放されている。そしてこの減刑運動以降、一部の運動家だけの思想であったものが、全社会をおおっていくことになる。保阪正康がこの過程を詳しく追っているので、[16]以下しばらくそれにそって見ていこう。

本書のここでの主題にとって重要なのは、この同じ年である昭和八年に、修身の教科書が全面改定されたことである。新しい教科書では、一年生は「ススメ　ススメ　ヘイタイススメ」から始まる。日本人は尊い天皇の臣民に生まれたことをありがたく思え。天皇に忠孝をつくし、命を捨てるのが最高の道徳である。――このような内容が繰り返し叩き込まれることになった。まさに『葉隠』そのもののような極端な身内集団原理道徳である。こうしてこのころから、中心大義を大々的に打ち出して、そこからの逸脱を捜しまわってはヒステリックにつぶしていく動きが進んでいくのである。

昭和一〇年には天皇機関説批判が沸き起こった。天皇を国家制度上の機関とする学界常識の学説に対して、天皇への「不敬」だとする批判が議会で始まったのである。政府は当初、学者が判断すべき学説上の議論と言ってあしらっていたのであるが、たちまちこの批判に同調する議員が増え、陸軍も加わり、マスコミや世論が盛り上がって、とうとう衆議院で満場一致で非難決議が可決されてしまった。これによって、天皇機関説を説くことは事実上禁止されてしまう。同時に、「国体明徴」、すなわち「この国のかたち」を明瞭にせよとの運動が起こり、次のように政府としての結論が下される。

「恭《うやうや》しく惟《おもん》みるに、我が国体は天孫降臨《てんそんこうりん》の際下したまえる御神勅《ごしんちょく》により昭示《しょうじ》せらるる所にして、万世一系の天皇国を統治し給い、宝祚《ほうそ》の隆は天地とともにきわまりなし(17)…」

すなわち、国のあり方は神話の中にでてくる神様のお告げが根拠だと言っているのである。そのお告げに明らかな通り、万世一系の天皇が統治し、その恵みが天地とともにきわまりないのがこの国のかたちだというのである。そして以後、これに反する言論は攻撃されてしまうようになる。

そして昭和一一年には二・二六事件が起こる。このとき、反乱部隊が占拠した山王ホテル付近では、北思想流の私有財産制限に共鳴した民衆が相呼応して決起したと言われる[18]。

昭和一二年には『国体の本義』という冊子を文部省が刊行した。この全編が、「日本文化は西欧文化に優る」「個人主義を排し皇民一体となる」「一大家族国家として億兆一心聖旨を奉体して、よく忠孝の美徳を発揮する」と、日本の皇国精神の世界に冠たる優位性と忠孝の教義を説いている。これが、中等学校の多くで修身の教科書に使われ、高等学校、専門学校、軍関係の入学試験では必読書とされた。「地方の中等学校の入学試験では、軍人が面接を行い、この書の内容を質しては入学を許可するというケースさえあった[19]」。

軍国主義体制は反資本主義的だった

それゆえ「ファシズムは金融独占資本の手先」とするコミンテルン由来の戦後の神話はそろそろみな脱却しなければならない。戦前ファシズム思想の本質は近代資本主義への反発だったのであり、その運動の担い手は資本主義の犠牲者だった。なるほど日本の軍国主義体制は、ドイツやイタリアとは違って、下からのファシズム運動が権力を握ったものではない。支配層がなし崩し的に変質したものである。だから、先駆的な民間ファシズム運動が反資本主義的だったからと言って、出来上がった体制にもそれがあてはまるとは言えないという反論もあるだろう。しかし、ファシズム体制確立を推進した軍部や革新官僚もまた、明確に反営利・反市場的意図を持って新体制を設計したのである。[20]軍部は北思想の影響を受けていたし、近衛文麿を典型とする政治家も、やはり北思想などの影響下の右翼諸団体の圧力によって動いていた。[21]昭和九年に出された『国防の本義とその強化の提唱』という陸軍のパンフレットでは、日本資本主義は誤っているとしてその修正を唱え、統制経済への移行を主張している。[22]さすがにこれには当時、経済界も議会も反発して、陸軍大臣は本気で実行しようとしているわけではないと弁明したが、実際にはその後このパンフレットの言う通りの体制になっていった。

満州国をでっち上げた将校達も、財閥などの支配的既得権層でがんじがらめになっている日本本土での改革に見切りをつけ、財閥を排して、西洋の影響を受けない理想の国家共同体を作ろうと意図したのである。(もちろん、独占資本とはしたたかなものである。結果として満州経営も財閥なしにはうまくいかず、結局本土の既得権層が入ってきてうまい汁を吸いはじめることになる。)

そして満州で統制経済を担った官僚達が、後にその経験を本土に持ち帰ることになる。やがて彼らは一九四〇年代にその体制を完成させるのであるが、彼ら「革新官僚」の発想、体制の性格、そしてそれに対する財界の対応については、野口悠紀雄『一九四〇年体制――さらば「戦時経済」[23]』に詳しい。それによれば、革新官僚らは反政党、反営利的傾向を持ち、企業は利潤追求ではなく国家目的のために生産性をあげるべきだと考えていた。[24]そのために、いわゆる所有と経営の分離を押し進め、株主の権限を制限し、各種事業法や営団、後には軍需会社指定などの手段により、国家が生産活動を直接コントロールする体制を作り上げた。

また、株主の影響力を抑えるために、資金調達は銀行の貸付けを中心とするようにし、全国金融統制会と日本銀行を使って金融面からも経済をコントロールできるようにした。勅令による統制は、価格、賃金、雇用など経済活動のあらゆる面に及び、特に、賃金・雇用統制は、産業報国会の組織とも相まって、労働者を受動的な被雇用者から企業共同体の正規メンバーへと変えた。

こうした官僚達はしばしばマルクス主義の影響を受けていたほどである[25]。また、統制会が各企業の情報を反映して経済計画を形成する仕組は、当時のソ連の物財バランス法における逐次計算のメカニズムを直接取り入れていた[26]。一方こうした経済統制に対して、財界は激しい反対をしてきた[27]。財界の主張は、戦時下としては「ナイーブなまでの古典的な自由主義」であって、革新官僚の牙城たる企画院の思想をさして、「我国ヲシテ露西亜タラシメントスルモノ」とまで言い切っている。

結局、資本主義市場経済という「逸脱」を許さず、「大義名分」たる国家身内共同体の原理を貫き通そうという志向、これが軍国主義をもたらした力学だったのである。

市場文明憎しが対米戦争をもたらした

企画院に多数の元マルクス主義者がいたように、この時代、多くの左翼・社会主義者が転向して、積極的に戦時体制を支えていた。これを「治安維持法で脅されてやむなく」と解釈するのも後の世の神話である。多くの者は本気だったのである。要するに「左翼」を自称していたころから彼らの多くは勘違いしていたのだろう。ヨーロッパ社会主義のような近代市民社会の延長で資本主義を乗り越えようとしていたわけではなく、身内集団倫理の発想が根源にあって、そこから、営利のために同胞を犠牲にする資本主義への、道徳的怒りを抱いていたのではないか。もともと問題意識はファシズム思想と共通だったのである。それゆえ実際には「転向」でも何でもなくて、国家共同体のために資本を組み伏せ市場を統制する戦時体制に、心から正義を感じ、喜んで推進していたのだろう。

戦時体制下の一九四二年、太平洋戦争勃発の興奮冷めやらぬ中で、文芸誌『文学界』が「近代の超克」という特別座談会を開いた。そこでは、京都学派の哲学者など、日本を代表する最高の知性が、日本の戦争を正当化する、今から見ればとんだ妄言を、次々と吐いている。[28] しかしこれが当時の元左翼達にも広範に見られた見解の典型だっただろう。

すなわち、西洋資本主義文明による「世界の欧州化」が、今や、アジアの反発で壁にぶつかり行き詰まっており、それに代わる真に普遍的な世界史がまさに現実化しようとしていると言うのだ。真珠湾攻撃と緒戦の日本軍勝利がそのように解釈されていたのである。

彼らは、資本主義も行き詰まったがマルクス主義も駄目だったと言う。多くの論客は若干の非転向の闘士よりも誠実に、当時のソ連のスターリン体制の暴虐の実態や、日本共産党のソ連盲従・セクト主義的ひきまわしの問題を真正面から受けとめていたのである。その中で、西洋資本主義物質文明でもなくマルクス主義でもない解決の道を、東洋思想の中に見いだし、西洋を向こうにまわした東亜の団結と解放を希求したのである。そして、英米の自由主義・個人主義でもなく、ナチスの全体主義・ファシズムでもない両者の止揚、資本主義でもなく共産主義でもない両者の止揚と戦時新体制を位置付け、五族協和を掲げる満州国に理想の国を夢見たのである。
いやそもそも日本中が日米開戦に際して狂喜乱舞していたのである。「近代の超克」知識人達の言っていたことは、その感情を小難しい表現で表したにすぎない。要するに、市場利潤追求や機械化大工業、都市の爛熟消費世相など、日本伝統の大義名分原理からの逸脱の行き過ぎにみなもううんざりしていたのだが、西洋文明というものは、それらの逸脱をまとめた象徴としてイメージされていたのである。そして大義名分としてのナショナルな身内集団原理を押し立てた逸脱の引っぱり返しは、外国風の芸名や外来語の禁止だの、洋装への攻撃だのを経て、ここでついに、西洋の代表としての米英に対する正真正銘の戦争に行き着いたのである。岸田秀の言う「内的自己」が表に出る発症である。

もともと、無謀な戦争に日本が転がり落ちて行ったときというのは、ちょうど明治維新前の商人倫理を知る世代がこの世からいなくなったときだというのは、偶然ではなかったと思う。もっとも、商人倫理を知る知らないにかかわらず、幕末維新当時の思い出——欧米の圧倒的力量と、そしてその後多くの欧米人達が日本の近代化のために力を尽くしてくれた事実の思い出——を、持っている者にとっては、米英を相手につっぱって、おまけに戦争までするなどということは考えもつかないことだったに違いない。晩年の渋沢栄一は日米関係の悪化を懸念して、例の日米の人形交換の親善事業を行ったが、力つきて九一歳で永眠した年、満州事変が起こっている。最後まで生き残った明治の元老西園寺公望も、張作霖爆殺事件で軍部を抑えかねて力を失い、二・二六以後は暗殺をおそれてひっこんでしまった。しかし最後の力をふりしぼり、対米関係の悪化を懸念して日独伊三国軍事同盟に反対し続けたが、それもむなしく同盟が成立して間もなく、「これで日本は滅びるだろう。これでお前たちは畳の上で死ねないことになったよ。その覚悟を今からしておけよ」との言葉を残してやはり九一歳で永眠した。(29) 世の中全体が、明治以後の身内集団倫理教育で人格形成した世代ばかりになったとき、世の中が狂ったのである。

3　身内集団倫理神聖化の暴走と逸脱陰湿化との相互促進

身内集団倫理の神聖化とあらゆる合理主義の抑圧へ

商取引や科学文明が、それ自体の倫理なき逸脱とされるかぎり、その暴走を抑える方法は全く異質な原理である身内集団原理を対抗的に押し出すこと以外、人々には思い浮かばないかもしれない。しかしもはや商取引なしに済ませられる世の中ではないし、戦争そのものが、科学文明と合理的発想の戦略によらずして遂行可能なものではない。もし商取引にも科学文明にも西洋合理主義にも頼らずに済ますことが可能ならば、そもそも明治維新の時点で「和魂洋才」など採用しなかっただろう。

それゆえ、功利主義や合理的計算をひたすら抑えて、妄想的皇国史観の身内集団原理に籠っても、経済も戦闘行為もうまくいくはずがない。結局裏で何らかの形で、現場の私利私欲にかられた逸脱を認めなければ事態はまわらない。ところが、それらは公然と認められない隠れたものになるだけに、かえって新たな問題を生み出して困難を助長してしまう。

そうすると人々は、ますます心狭く逸脱を許さないようになり、ますます中心目的を強引に振りかざすことで事態を打開しようとする。「滅私奉公」というわけだ。かくして、身内集団倫理の純粋化神聖化と、私利私欲にかられた逸脱の陰湿化が、相互に促進される悪循環が進む。

例えば東条英機が陸軍大臣のときに出した悪名高い「戦陣訓」というのがある。「生きて虜囚の辱めを受けず」というあれである。当時ありがちな無茶な激励のように思うかもしれないが、実はもともとこれは、日中戦争で現場の日本兵の軍紀が乱れて、強姦、略奪、殺戮などの非行が目にあまったため、天皇の軍隊の誇りに訴えて引き締めを図ったものなのである。[30] ところがこれが問題の解決に役立たなかったことは言うまでもない。かえってこの教えのために、その後自決によるおびただしい無駄死にが生み出されただけだった。

日本の戦争指導は、元来、補給と情報を軽視し、「大和魂」といった精神論を振りかざして猛進する傾向があった。社会全体の中に、合理主義的な発想というもの自体を敵視する心情があったのである。合理主義なんかは、身内集団倫理を押し出して抑え込むべき「逸脱」側の発想ととらえられていたわけである。

敗戦色が強くなっていくと、この傾向はますますひどくなっていった。失敗すればするほど、大義名分原理の「大和魂」の強化で乗り切ろうとして、西洋合理主義的「逸脱」はますます徹底的に抑え込まれるからである。特攻隊や「バンザイ突撃」といった戦術（？）はその典型的な例である[31]。「バンザイ突撃」など、やる前には必ず雰囲気が変わり、水盃を酌み交わすなどの儀式をするので、それを観察していたアメリカ兵が「くるぞくるぞ」と機関銃構えて待ち受けると、はたして決して期待にたがわず日本兵が自分から刀を振りかざして飛び込んでくる。今度こそ何かの罠かもしれないと警戒しても、やっぱり罠ではなくて同じことをしてくる。こうして日本兵の死体の山が築かれたのである。

特攻も同じである。「爆弾を抱いた航空機の衝突は、投下爆弾にくらべ速力と貫通力が劣り、破壊効果も少ないことが当初から知られていた。米軍の戦闘機と防空弾幕の妨害を、特攻機が潜り抜けられる可能性も少なかった。／海軍軍令部の予測では、八機から一〇機が同時に最良の条件で命中しなければ空母や戦艦は撃沈できないこと、出撃する特攻機のうち一割ていどが敵の位置に到達できるだけであろうことなどが、沖縄戦の時点ですでに算定されていた。そのためもあって、特攻で沈められた大型艦船は存在しなかった[32]」。実際には、出撃機総数三三〇〇機中、命中したもの一一・六％、至近への突入に終わったもの五・七％、合計一七・三％であった[33]。それにもかかわらず、特攻はますますエスカレートしていった。

四五年四月に、沖縄で八機八八人全滅の犠牲をはらった飛行場突入作戦が行われたが、これを命じた司令官が大本営に許可を求めたときの理由が「特攻隊に指定されてすでに半年、計画しては取りやめになること再三に及ぶは、その心情忍び難い」というものだった[34]。

さらに、連合艦隊豊田司令長官は、神主席参謀の「大和が残れば、無用の長物だったと言われる」との訴えを受け、「成功の算絶無とは考えないが、うまくいったら奇跡だ、という位に判断した」と戦後回想している判断により、帝国海軍の栄光を後世に伝えるために戦艦大和に海上特攻を指令、米軍機の一方的攻撃で三七〇〇人の命が南海に散った。(35)

竹槍でB29に立ち向かおうという傾向も同じである。結局これらの行動からわかることは、いかに敵に打撃を与えるかという戦闘効果を狙っているわけでは全くないということである。そのような効果計算は西洋合理主義の発想で「逸脱」側である。だからむしろそのような戦闘効果をわざと度外視して、国家共同体に殉じる極限の身内集団倫理を実践して見せることの方が重要に思われていたわけである。(36)

「逸脱」の陰湿悪質化

ところがこんなにまでして「大義名分」原理を押し出して「逸脱」を抑えても、私利私欲による「逸脱」はなくなるわけではなく、ますます陰湿で強者にだけ都合のいいものになって噴出する。それが「大義名分—逸脱手段」メカニズムの頑強さなのである。小熊英二は名著『〈民主〉と〈愛国〉』の第一章「モラルの焦土」において、戦後思想の前提となった戦時中の道徳崩壊の実態について、詳しく述べている。(37) 簡単に紹介しよう。

統制経済下では、軍需品生産は利潤最大化原理で決まるのではなく、軍需省が各企業にノルマを割り当てて生産増大を強制していた。各企業はこれに対して、生産した「ふり」をすることで応える。航空機は形式的な生産数は増えたが不良品が多く、前線で満足に使用可能なものは約三分の一にすぎなかったといわれる。民間に不足していた資材が軍需工場には優先的に配給されるため、工場の役職員は物資を闇市場に横流しして法外な利益を得ていた。それで資材不足になり闇市場から不良部品を買って間に合わせていたのである。しかし軍需省にとっても表向き生産目標が達成されるのが至上命題だから、製品の規格基準を下げても上がってきた生産増大を認めるのである。

しかも食料不足下の長時間労働の強制で、生産能率と士気が低下し、ますます不良品が増加する。そうするとそれに対処する方法はまたも身内集団倫理に訴える精神主義である。職階が可能にするかぎりの横流しをみんな当然のように行いながら、毎朝朝礼で真面目な顔で決死の訓示を受けるのである。中島飛行機尾島工場では、一日三〇分ずつ三回、拡声器で突撃ラッパが演奏され、「突撃精神」で作業することが命令されたが、作業が冷静に行われないため、かえって不良品が増加した。すべての産業に官庁の統制と許認可が及ぶようになると、必然的に癒着が始まる。社費で官僚を接待して物資の配給を増やしてもらい、それを横流ししてもうけるのである。

住民は隣組や町内会、各職場の報告会などに組織されて、それを通じて食料配給が行われた。すると隣組長や町内会長といった地域ボスによる「ピンハネ」や縁故による闇取引が蔓延した。特高警察の民情報告文書には、「近頃年頃の娘には警察官と結婚を希望するもの増加せり、その理由は生活必需品を容易に且安価に入手出来たるためなり」と書いてある。一九四三年五月の『特高月報』

には、東京南千住方面の工場従業員で流行している「不穏歌詞」として、「今の社会で幅きくものは　星に錨に桜に闇よ　どうせおいらは捨小舟」というものが記録されている。[38]「星」は陸軍、「錨」は海軍。「桜」は警察だろう。

小熊は、中国文学者の竹内好が聞き集めた疎開児童達の体験談を紹介しているが、「家庭からの贈り物は教師がうわまえをはねる。配給の油は横流しする。止宿先の旅館では一般客や教師には銀メシを供し、学童たちはイモや雑穀入りの黒いメシをあてがわれる」といった事例が大半だったという。小熊は、疎開先での教師による高学年女子へのセクハラのうわさについても紹介している。「滅私奉公」の身内集団道徳教育が極限に達しているとき、その教育の当の担い手は同時にこのような私利追求をしていたわけだ。

軍人達の「逸脱」の陰湿悪質化

もっと深刻なものは、特攻作戦を受けた現場の対応である。司令官達の私益にとって、特攻の数を上げて戦果を作り出すことが重要になる。特攻を「希望しないものは前に出ろ」と言ってパイロット全員が特攻志願者にさせられたりする。故障などで生還した者が出ると報告した戦果が嘘になってまずいので、死ぬまでまた送り出す。現場の都合としては当然ながら、無くなってもいいような飛行機や、年端もいかないC級の腕のパイロットから先に使う。フィリピン戦線で多くの部下を特攻に送り出した中将は、自分は米軍上陸直後に無断で台湾に逃げ出したが、予備役に編入されるだけの処分で済んだ。

第二次世界大戦最悪の愚策と言われる「インパール作戦」も、現場司令官の私益のためになされたものである。[39] この司令官牟田口中将は日中戦争を現場で引き起こした張本人なので、ここで功名をあげて失点を挽回する必要があったのである。もともと南洋の戦線が崩れたときで、ビルマ方面には余計な兵力を注ぎ込むべきではなかったときなのに、後方支援も補給も全く考えず、五〇日で攻略してみせると、密林の山脈のかなたのインドにむけて侵攻を開始したのである。攻略どころか一月余りで戦力は四割に低下し、やがて参謀本部も作戦は失敗と言ってきた。にもかかわらず、続々と兵士が餓死し、負傷兵の上を英印連合軍の戦車がばく進していることを知りつつ、中将は反対する指揮官を次々更迭してさらに総攻撃を指令し続けたのである。結局三万人の戦死者を出して作戦は打ち切られたのだが、この責任が公式に問われることはなかった。

こんな状態だったから、敗戦になったとたん、国中の軍の物資があっと言う間に地位の高い軍人達によって略奪され、闇市に横流しになったことは驚くまでもない。[40] 本土決戦用などで貯蔵されていた様々な工業原料や薬品、貴金属、愛国夫人達が寄付した膨大な宝石など、総計三億トン内外が闇に消えた。戦後のしあがった実業家の中には、このときの横領を元手にして事業を始めた者も少なくなかったと言う。帝国陸海軍の全資産の七割が略奪で消え、残りの主に建設資材と機械類、当時の価値で一千億円は、「公共の福祉と経済復興のため」使用せよとの占領軍の指示を受けて、政府が財閥系企業代表五人からなる委員会に処分を委任したところ、これもほとんど跡形もなく消え失せた。

4　戦後も同じことを繰り返す

戦後も残る「大義名分—逸脱手段」図式

さて、「大義名分—逸脱手段」の構図が、戦前戦中の諸悪の根源だったという話をしてきたのだが、戦後民主化することで、この構図も克服されたのだろうか。

いや、そうはならなかった。しぶとく残ったのである。天皇制が残ったことこそまさにその象徴だった。先述の通り、天皇はあくまで平和を望んだ美しい存在で、軍国主義の全歴史がそこからの「逸脱」と位置付けられたのである。天皇は、ジョン・ダワーの指摘の通り、朝鮮人も台湾人も中国人も白人もなれない「日本人」という「血統」集団なるものの意識の象徴であった(41)。すなわち、大義名分の中心原理にはあいかわらず身内集団原理がおかれたわけである。

そもそも、占領統治自体が近代日本の図式を利用している。ドイツのように占領軍が直轄支配したわけではないのだ。「中心」に占領軍を置き、そこから相対的に自立した「手段」として日本政府が統治したのである。憲法制定過程もすべて、天皇、政府、国会という日本側の統治機構の自主的判断で遂行された形式をとりながら、実は占領軍側の「中心目的」にかなうよう動いてきた(42)。民主化して言論の自由が実現されたと言いながら、占領軍は厳しい検閲を行い、しかも検閲が存在すること自体を検閲して隠して、あくまで、現場の執筆者が「中心」の占領軍から自立して「自己判断」でものを書いている形式が守られた[43]。戦前との決別を表す象徴とも言えた憲法の戦争放棄規定自体が、中心大義としての美しい「九条」と、そこから逸脱した手段としての自衛隊、というように明治日本の図式にぴったりはまりこんでしまったことは皮肉である。

戦後「大義名分」として中心におかれた身内集団は、主として「会社」だったと言えるだろう。そして市場取引や科学技術は、やはり直接には倫理観の裏打ちなく、会社共同体の利益のための「手段」ととらえられていた場合が多かっただろう。だから会社のためなら汚職も公害流出もどんな汚いことでも罪悪感のない人が多かったわけである。それが、戦後の焼け野原の中から先進国に追い付けと高度成長している間はうまくいっていた。ちょうど、明治の「大義名分—逸脱手段」体制が、工業化を進めている段階の間はうまくいっていたことと同様である。

再び「逸脱手段」の暴走の時代

しかしこの大目標が達成され、経済大国が実現すると、今度は創意工夫が重視されるもっと自由な経済に転換しなければならなくなる。この、一国経済の発展段階上の転換と、ME化・IT化に基づくグローバル市場化という全世界的な転換とが、重なっているのが目下の日本なのである。いずれも、身内集団原理を弱めて市場原理を表に出す転換である。かくして、民営化、「小さな政府」、規制緩和、系列崩壊、雇用の流動化といった市場化路線が推進されることになった。

すなわち、ちょうど戦前の大正時代の改革にあたる時代を経験したわけである。しかもスケールをもっとアップして。ここで市場取引に開放個人主義倫理の裏打ちをつけるのではなく、あいかわらずそれ自体の倫理なき「逸脱」としてこの改革を押し進めていったならばどうなるか。会社の仲間のめんどうはみるべきだという「大義名分」倫理からの「逸脱」としてリストラする。会社は共同体たるべしという「大義名分」倫理からの「逸脱」として会社を売り買いする。公権力はそのメンバーを保護すべきだという「大義名分」倫理からの「逸脱」として規制緩和で倒産を強いる。親のめんどうはみるべきだという「大義名分」倫理からの「逸脱」として介護を業者まかせにする。身内はかばわなければならないという「大義名分」倫理からの「逸脱」として不祥事の責任者を処分する。このようなことが進行していくと、確実に倫理観自体が麻痺し、市場取引も科学技術も、大正・昭和初期と同様、私利私欲のために歯止めなく暴走していくだろう。

実際、これまで起こっていることは、当時とそっくりである。かつてせっかく藩閥支配が終ったのに政党が党利党略に明け暮れて汚職事件が相次いだように、せっかく自民党の一党支配が終ったのにやはり政党は党利党略に明け暮れて汚職事件が相次いだ。しかも、結局出来上がったのがどっちがどっちだかわからない二大政党制というところもそっくりである。バブルが起こって崩壊するし、金融危機は起こるし、経済停滞も続いた。ライオン宰相は改革と称してデフレ政策をとって不況を激化させた。全部当時を繰り返している。

しかも猟奇殺人事件は相次ぐし、新興宗教もエロ・グロも大流行り、おまけに偶然とは言え震災までであったではないか。

なにより深刻なのは、資本主義市場経済の純化によって、経済格差が拡大していることである。昭和初期も、経済停滞で倒産、失業があふれ、農村も困窮を極めたのに、他方で財閥は肥え太った。このことに対して大衆の中に広く怒りが興っていたことが、次の時代の悲劇につながったのだった。近年も、「勝ち組」「負け組」の格差が拡大して、年間三万人の自殺者が続いているのに、企業は空前の利益をあげてきた。今後フリーターを強いられている人々の高年齢化と、その親世代の定年退職が進むと、この問題は一層深刻になることが予想される。

それゆえここで道は三つしかない。第一には、私利私欲にかられた弱肉強食で社会秩序が崩壊する修羅場か、第二には、開放個人主義原理にふさわしい倫理観への転換か、それとも第三には、戦前の二の舞いか。

このままでは理の当然として、この第三の道、戦前と同じことが起こるだろう。世の中の「大義名分」に掲げられている身内集団原理を大々的に持ち出して、逸脱しきった「手段」を引っ張り返す動きである。国家共同体のためという目的を押し出して、私的な利益追求を抑えようという動き。世界で暴れ回るアメリカ型市場経済や物質文明の怒濤の侵入から、国家共同体を守ろうとする動き……。

だから、今日沸き起こっているナショナリズムの傾向は、現れるべくして現れたのである。過去の侵略を開き直り、伝統を振りかざし、外国人の性質をステレオタイプ化して蔑視し、ジェンダーフリー教育や性教育を攻撃する。機械からアニメまで、目を皿のようにして日本の優位性を探し回る。欧米文明を没落する物質文明だとして批判し、日本の伝統や東洋的なるものに時代の先駆けを期待する。このような意識が、右派論客や一部マスコミや「2ちゃんねらー」にとどまらず、日本国民の間に広範に広がりつつあるではないか。ちょうど北一輝思想や農本主義が広範な世論に受け入れられていったのと同様に。

ソ連・日本帝国・戦後日本の歩みの類似

筆者は以前何度か、ロシア革命後のソビエトロシアの歩みと、明治維新後の日本帝国の歩みと、敗戦後の日本の歩みがよく似ているということを指摘したことがある。[44] ともに急速な工業化を成し遂げて、出発点から四〇年ほどして絶頂期を迎え、出発点から五〇年ほどして改革が迫られる。しかし体制の根幹に触れない修正にすぎないので、経済停滞が続き、ソ連や戦前の日本の場合には、その後対外侵略と孤立化を進め、出発点から約七五年目にして崩壊に向かっている。表にまとめると**図表7—4**のようになる。

筆者がこの表を思い付いたのは、一九九二年のことだった。当時夏目漱石の『三四郎』や『それから』を読み返してみて、そこに描かれている明治末期の様子が、バブル景気の昭和末期の世相とよく似ていると感じたので思い付いたのである。[45]

これでいくと、だいたい「二千何年」というのが「昭和何年」というのに対応していることにな

図表 7—4　ソ連・日本帝国・戦後日本の歩みの類似

	ソビエト・ロシア	大日本帝国	戦後日本
出発点	1917（0）ロシア革命	1867（0）明治維新	1945（0）敗戦
十数年目 体制確立期の勢力争いの決着→成長へ	1930 頃（13 頃）スターリンによる反革命（農民との「内戦」）。国有中央計画経済体制の確立	1881（14）明治 14 年の政変 1884（17）秩父事件（自由民権運動の大フィナーレ） 財閥資本制確立→成長へ	1960（15）60 年安保闘争以後，高度成長路線確定（「所得倍増計画」）
二十数年目 成長期の矛盾爆発による危機	1941（24）独ソ開戦，ソ連軍壊滅の危機（飢餓収奪下の農民が大挙ナチス軍に協力したため）	1890（23）国会開設，与党少数，藩閥政府の危機。	1970 頃（25 頃）革新自治体ブーム，国会で与野党逆転。
三十年目前 危機乗り切り大国化	1945（28）戦勝，大国へ。1945 ～ 48（28 ～ 31）東欧衛星国家群獲得。 以後工業建設進行	1896（29）日清戦勝，台湾領有，翌年為替制度確立，輸出急増 以後，重工業化進行	1973（28）世界的成長期終焉，変動相場制移行。以後輸出急増 その後ＭＥ化進行
四十年目頃 絶頂期	1957（40）スプートニク（世界初の人工衛星）打ち上げ成功	1905（38）日露戦勝	1985（40）対外純資産世界一になる。
四十五年目頃 体制動揺	1962（45）ノボ・チェルカスク事件（ウラル地方の大労働争議事件），以後民衆への譲歩始まる。	1912（45）改元。大正政変（大正デモクラシーの開始）	1989（44）改元。参議院選で自民大敗（戦後体制動揺の始まり）
		1917（50）ロシア革命（日英共同の仮想敵国の消滅→同盟解消へ）	1991（46）ロシア再革命（日米共同の仮想敵国の消滅）
五十年目頃 民衆への譲歩若干の改革	1965（48）農産物買付け価格引き上げ 1967（50）週 5 日労働制の導入	1918（51）米騒動→最初の政党内閣の成立	1993（48）最初の非自民内閣（翌年「米騒動」）
五十数年目頃 同盟国との決裂	1969（52）中ソ武力衝突	1922（55）日英同盟廃棄	？
五十数年目頃 世界の管理的超大国になる	1972（55）米ソサミット開始	1920（53）国際連盟常任理事国	？
		1927（60）憲政党と政友本党合同し，民政党結成。政友会との二大政党制へ。	2003（58）自由党が民主党に合流。自民党と民主党との二大政党制へ。
六十年目頃～ 対外侵略へ	1975 頃（60 頃）中東，アフリカへの影響力拡大 1979（62）アフガン侵攻 1983（66）～冷戦激化	1927（60）山東出兵（以後，大陸侵略へ） 1931（64）満州事変 1937（70）日中戦争	？
七十数年目 崩壊	1991（74）崩壊	1941（74）太平洋戦争→崩壊へ	？

る。最近、上記のような戦前と戦後の日本の歩みの類似性の指摘を、あちこちで聞くようになった。二〇二〇年前後の危機の予想についても、日本経済新聞が『二〇二〇年からの警鐘』[46]という本を出したり、堺屋太一が『平成三十年』[47]と題する小説や関連の評論を出して論じたりしている。そのすべてに同意するわけでは決してないが、興味深い。

ちなみに、大日本帝国は、維新後五〇年ぐらいして第一次世界大戦やロシア革命干渉で、同盟国イギリスなど列強の要請を受けて大陸に兵を出しているのだが、要請したイギリスもまさかこのまま日本軍が大陸に居座って権益を拡大していくとは思っていなかっただろう。当時中国大陸は無政府状態で、地方武装勢力やテロリストが衝突を繰り返す状況だったのだが、そんな中に出ていって、日本軍は第一次大戦後当初のころは、「武力行使はしない」という原則で駐留していたのである。それでみんな安心していたのかもしれないが、襲撃されても黙って指をくわえている状態がいつまでも続くはずがない。やがてエスカレートしていくのは必然なのである。このことについても、敗戦後五〇年ぐらいから、やはり同様の動きが始まってやしないだろうか。

このようなパターンが起こる原因は、列強に伍した急速な工業化にあると思われる。上からの遮二無二の指導の力で、ほとんど一世代の現役期間の間に、生活も光景も一変するのである。そしてそうした高度成長を担った世代が引退し、経済大国を当たり前と思って育った世代が社会に出た頃に、民衆への譲歩の改革が迫られる。しかし、成功したシステムというものは、既得権層の抵抗もあってなかなか変えられない。やがて経済停滞に陥り、不満を外にそらせるようになる。そうするうちに、体制の創立以前の問題点や創立時の志を知る世代がみなこの世にいなくなる。そうすると孤立化とナショナリズムの相互促進に歯止めがなくなって、体制は崩壊に向かうというわけである。

ファシズム発生の心理的条件

ところでG・D・H・コールが、ファシズム出現の心理的要素をずいぶん昔にまとめている。それは次のようなものであった。[48]

ファシズム発生の九つの心理的条件

（1）政治組織でも経済組織でも両方で、世界はうまくいっていないという不安感が増大していること。

（2）政府と経済社会組織の現在の形態は、その本来の課題にとって決定的に不適切であるという感情が増大していること。

（3）巨大な潜在資源が愚かに浪費されているという感情が増大していること。

（4）皮肉で冷めた態度はもうたくさんという気持ちが増大していること。

（5）安定感を持っていた層の人々が、かなり広範囲に不安をいだきだしたこと。

（6）共産主義のような異質な信条への恐怖。

（7）社会主義政党から保守政党までの旧来のすべての政党に対するむなしさ、不信が、青年層において一般化していること。

（8）政治的経済的無秩序が長期化して、「何かをしよう」という強烈な気分が生み出されていること。

（9）国家主義的感情が強力に復活していること。

どうだろうか。まるで今の日本を見て言っているような気がしないか。（6）の「共産主義」というのは今ではもう「おそるるにたらない」存在かもしれないが、新興宗教やイスラム原理主義などが代わりにこれに相当しよう。

市場化の時代を迎えながら、身内集団倫理を中心目的におく「大義名分―逸脱手段」図式を続ける限り、戦前の歴史を再びたどることは、社会力学的必然だと言えるだろう。

あくまで身内集団倫理を変えることはできないというのならば、経済システムの方も、市場化改革をやめて、従来の身内集団的システムを復活させるべきである。筆者はそれには合意しないが、ひとつの筋の通った立場ではある。逆に、経済の市場化を是認するのであれば、倫理観は開放個人主義的なものに転換しないといけない。旧来の経済システムのままというわけにもいかないが、倫理観の転換も簡単ではないので、経済も倫理観もどっちつかずの妥協的なものに落ち着くというのも、良くはないだろうが、一つのありがちな大人の知恵かもしれない。しかし、大正から昭和初期には、経済も文化も自由主義的傾向の勢力と、経済も文化も国家主義的な勢力とが引き合いをしていたが、やはり「大義名分―逸脱手段」図式そのものの欠陥のせいでバランスを崩し、「倫理なき経済自由追求」と「身内集団倫理の純粋強化」との悪循環に転落することを防ぐことはできなかった。

ところがつい先年まで小泉・安倍政権のやってきたことと言えば、経済システムの面で鬼の形相で強引に身内集団原理システムを壊して、民営化、規制緩和、「小さな政府」、グローバル化と言って市場化を押し進めながら、他方でその結果起こった社会不安状況に対しては、これまた強引にナショナリズムを押し立てて身内集団倫理強化で対処しようとすることだった。大正期から昭和初期にかけてと同様の状況のもとで、かつては諸勢力の綱引きの結果無意識に起こったバランス失調を、今度は一つの政権が同時に意識的に追求してきたのである。またこのまま戦前に陥ったように、「倫理なき経済自由追求」と「身内集団倫理の純粋強化」との悪循環が進んでいくのだろうか。いったいその先に何が待っているのだろうか。

Part 4

生きている商人道の精神

第3部では、明治体制では「武士道」型身内集団倫理を中心におく「大義名分―逸脱手段」システムがとられたため、第二部で見たような商人道は抑え込まれてしまったということを見た。そして戦後も同じ図式が続いてきたことを見た。

しかし、商人道はなくなってしまったわけではなかった。特に戦後は、様々な立場で商人道の精神が功績をあげてきた。これを自覚することが、これから迫られる課題のために重要である。

第八章　維新後と戦後の商人道の精神

1　維新後残った商人の価値観

明治維新後、武士道由来の身内集団倫理が公式教義になり、商行為は倫理からの逸脱手段と位置づけられてしまったと言ったが、それでも商人道の発想が消えてしまったわけではない。まだまだ維新前の商家教育で人格形成した大人が活躍していたのだし、その精神を子弟に伝えていく民衆レベルの文化も残っていた。

ここで思い起こされるのは、明治維新後約四〇年、日露戦争に際して、与謝野晶子が出征した弟を思って詠んだ、有名な反戦詩「君死にたもうことなかれ」である。

筆者はまだ生意気な反戦少年だった頃、この詩はあまり好きになれなかった。商家の「イエ」の論理を持ち出しているからである。肉親を思う心や反戦のメッセージには共感するし、天皇批判ともとれるくだりには、藩閥独裁下こんなことを言える勇気に感嘆しはしたが、個人の生きざまを「イエ」を持ち出して縛ろうとするような論理には激しい違和感を覚えた。国家の都合で個人の命をもてあそぶことを批判しても、「イエ」の都合で個人を縛ってはしょせん同じではないかと思っていた。

先年、日露戦争百周年にあたり、この詩を改めて読み返してみると、昔は与謝野晶子の言いたいことを理解していなかったのだということがわかり、すべてのくだりに素直に共感した。この「弟」はすでに一人前の商人なのである。プロの商人に対して商人の倫理を引いて呼びかけているのである。商家では人を殺せという教育などしていない。城のために命を投げ出せなどという命題は商家の家訓の中にはない。そんなものは我々とは無縁の武士どもの倫理だというわけである。こう言って、中世自治都市堺の商人のアイデンティティーに訴えているのである。維新後四〇年を経ても大阪地方には庶民の間で維新前の商人の価値観が生き続けていたわけなのである(1)。

そういえば戦時中も大阪は反戦気分がとりわけ強く、大阪出身者の師団は中国軍にも弱さが有名で、追い回されて逃げ回ってばかりいたぐらいである。そこで大阪地区の司令官は業を煮やし、本土決戦時には老人も幼児も戦闘に役立たない市民は皆殺しにすることを具申したそうである(2)。これなどは、明治以前に初期資本主義経済が最も浸透し、それにふさわしい文化が根付いていたのが大阪地方だったことと大いに関係があるだろう。

しかし、大きな目で言えば、先述したとおり、維新前の商人道教育だけで人格形成した世代がいなくなり、維新後の武士道型修身教育で育った世代ばかりになったとき、日本が道を誤りだしたのは間違いない。身内集団倫理に訴えた宣伝に民衆がやすやすと乗り、そうやって動き出した世論に指導部が逆に縛られてしまう悪循環が起こったのである。

2　平和主義と経済建設――戦後の開放個人主義倫理

敗戦体験と平和・民主の決意

さて、では戦後、開放個人主義原理の倫理観はどうなったのだろうか。筆者は先に、戦後も中心は身内集団原理の倫理観が続いてきたと書いた。しかし、すべてが身内集団原理でできている社会(全面国営社会等)も、すべてが開放個人主義原理でできている社会(全員個人ベンチャー)もあり得ない。戦後の日本も会社共同体などの身内集団がメインシステムであったが、もちろん市場システムも機能していたのである。それゆえ倫理観も身内集団原理と整合したもの一色だけで塗りつぶされるわけではない。市場活動を単なる「逸脱手段」とする主流の位置づけばかりではなく、マイナーではあるが、無視はできない影響力を持って、開放個人主義原理の倫理観もまた存在してきたと思う。

戦争の犠牲はあまりに巨大だった。多数の人々が死傷し、町が壊滅したというだけではない。前線にいる者も銃後にいる者も、飢餓や貧困、シゴキやイジメ、束縛と強制によって、さんざんひどい目にあったと感じた。人間というものが、自分も周囲も、いかに愚劣で卑小で残酷なことができるのか思い知り、心が深く傷付いた。親しい人をたくさん失いながら生き残ったことを悔やみ、他方で戦争指導者達が東京裁判でこぞって自己の戦争責任を否定したことに幻滅した。「生きて虜囚の辱めを受けず」と命じて多くの同胞を自決に追いやった張本人が、急所を狙いきらずに自殺しそこなったことに憤った。敵に回していたものの大きさを今さら知り、明らかになった日本軍の残虐行為に驚いた。

そこで、このようなことになってしまった根本的な原因を究明し、二度とこの悲劇が起こらないようにしようという志向が出てくるのは当然である。ジョン・ダワーの『敗北を抱きしめて』、小熊英二の『〈民主〉と〈愛国〉』という近年の二大名著は、このときの日本人達の思いを詳細に伝えている。

小熊の本で特に印象深かったのは、丸山真男や大塚久雄らいわゆる「近代主義」の思想が、どのような問題意識を持って、なぜ生まれてきたのかが、極めて説得力高く解明されている点である。それは、彼らの戦争中の屈辱にまみれた苦しい経験から作り上げられたものなのである。丸山の「超国家主義の論理と心理」は、今読んでも感動に震える。その当時戦争に傷付いて帰ってきた人々から貪るように読まれたというのも大いに納得できる。彼らは、個人を埋没させ、責任をあいまいにし、上に従順、下に尊大、抑圧なしには私益追求に倫理がないシステムを、戦争の元凶として批判し、責任を自覚した自立した個人の確立をうったえたのである。このような思想が、特にその後高度成長をリードする世代に、大きな影響を与えた。

また、間宏は、一九四六年に発足した経済同友会の「設立趣意書」の文章を紹介しているが、そこには「…すでに剣を鋤に代えた我国が、世界の一流国家に伍して行くためには、世界の民生の向上と世界文化の進展に寄与するに足る実力と信用を獲得しなければならないのである。それには先ず以て日本自身が肚の底から平和国家、文化国家として立ち上がり、国民は骨の髄から平和主義者、民主主義者として更正しなければならない」とある。[3]

これは占領軍をはばかった心にもない追従とみるべきではない。かつて戦争賛美した左翼が、時局をはばかったわけではなくて本気だったのと同様、このときのブルジョワも本気だったのである。戦争中の主だった財界リーダーは公職追放で突然ごっそりといなくなった。代わって、人格形成期の大正デモクラシーが無理矢理暗転させられた人生経験を持つ世代が経営リーダーになった。彼らはやはり、心から戦争はもうこりごりと思い、平和国家として世界に寄与することを進んで自分達の使命に選んでいたのである。

世論が革新政党を護憲にさせた

このような雰囲気の中にあったから、明治憲法を手直ししただけの政府の改憲案がマスコミにすっぱ抜かれたときには、それは国中から物笑いの種になった。[4]結局、たしかに占領軍が強力に指導して新憲法ができることになったわけだが、だからといって国民の意向と全く無関係なものが押し付けられたわけではない。

小熊の著書などを読んで驚くのは、このとき主要な政治指導勢力の中でまともに新憲法に賛成していたものは一つとしてなかったということである。当時運動に大きな権威と影響力を誇った共産党は、公然と新憲法に反対していた。保守政党も今はGHQの言うことをきいておいて占領が終ったら変えてやれと思っていた。社会党もブルジョワ憲法の性格に批判的だった。(5) にもかかわらず、議会では共産党以外にほとんど反対者は出ず、しかも占領が終った時にはもはや憲法を変えることは不可能になっていたのである。それは、政治指導者達の冷ややかな思惑とはかかわりなく、一般国民の側こそが、新憲法の平和主義と基本的人権の理念を、いちはやく新たなアイデンティティーとして受け入れていたからにほかならないだろう。

そもそも、平和主義にしても、民主教育にしても、保守側が嫌っていたばかりでなく、共産党も攻撃していた。共産党によれば、戦争は資本主義が生み出すものだから、資本主義批判なしに平和を説くことは無意味とされた。資本主義と闘うための戦争は肯定されなければならなかった。(6) 民主教育、個人主義教育も間違っていて、革命の一翼を担う教育が必要だ、そのために個人の自由に任さない教師の指導性は必要なことだ、とされていた。だから彼らは教育基本法にも反対していた。(7) しかし、教師達の組合である日教組は、保守側の意向から離れたのはもちろん、このような共産党の意向からも離れて、現場教員達の討議の中から、「教え子を再び戦場へ送るな」をモットーに、戦後民主教育と教育基本法を擁護する立場に立っていったのだ(8)。

日教組の平和教育だけではない。平和主義一般について同様のことが起こった。小熊はこの象徴的な事件として、ユネスコの平和声明を受けた運動を取り上げている(9)。ユネスコの平和声明には、保守側はもちろん、共産党も冷淡だった。しかしこれを、共産党から離れたところで吉野源三郎が取り上げ、この声明を受けた日本の平和声明を出すための「平和問題懇談会」の設立を呼びかけた。そこには、大正デモクラシーを本来の姿とみなすオールド・リベラリストから、丸山真男のような非共産党系の近代主義者、羽仁五郎などのマルクス主義者まで幅広い知識人が加わった。そして、彼らの出した、憲法擁護や中立を求める声明が、労働組合の指導者達に熱心に受け入れられ、そして社会党の議員達にも受け入れられていった。それによって、もともと雑多な思想潮流の寄り合い所帯であった社会党に、民間サイドから一つの思想的バックボーンが提供されることになった。

一九五〇年代に入ると公職追放の解除が続き、過去の戦争責任につながる保守政治家が続々復帰を始めた。そして公然と改憲の準備に入った。このような動きを受けて、さきの平和問題懇談会の流れをくむ人々が、護憲のための組織づくりを始めた。当時社会党は、右派と左派に分かれ、両派とも日本国憲法に対しては冷淡だったのだが、保守側の動きへの対抗のために両派ともそこに加わり、労組等一二〇団体で「憲法擁護国民連合」ができた(10)。

やがて保守政権側は、教育委員会の公選制度の廃止を実現し、イエ制度復活を目指す民法改正案や、戦前の内務省を復活させる法案を国会に提出し、改憲案と改憲スケジュールも作られた。改憲案は、再軍備にとどまらず、天皇の元首化、参議院への推薦議員導入、知事公選廃止、国会の最高機関性廃止、天皇による国会停会制度導入などを打ち出し、集会・結社・言論の自由や男女平等などの条項が、再検討の対象にあげられた。そして、一九五五年、保守政党は合同し、改憲を党是にかかげる自民党が成立したのである(11)。

このような一連の動きを受ける中で、護憲運動は、戦前の体制に戻されてはかなわないという国民各層の意識を集めて広がりはじめることになる。世論調査でも改憲反対が多数となるようになり、総選挙でも社会党が躍進、左右社会党は「護憲」を共通スローガンにして一九五五年に再統一した。同じ一九五五年に共産党は「六全協」で武装闘争路線を自己批判し、これまでの憲法反対の態度を改めて護憲を打ち出した。かくして、保守側の自民党対革新側の社会党・共産党という五五年体制が出来上がったのだが、この図式の中で、現実の左翼指導者達は、もともと自分では誰も真剣に望んでいなかったのに、日本国憲法と、その平和主義・人権尊重という理念を、擁護する役回りを演じることになったのである(12)。

資本主義対社会主義は大衆の意識になかった

このような対抗図式はもともと政治指導者レベルの意識では自然なものではなかった。戦後すぐの時期の政治家レベルの対抗関係は、社会党と芦田民主党の連立に対して、吉田茂の自由党が対抗するというたぐいの図式であった。芦田民主党は、戦前体制への復古志向が強く、吉田自由党よりも右である。一見、左派であるはずの社会党と組むなどありえないはずである。にもかかわらず、社会党も芦田民主党も、国家による統制経済の志向が共通しているがために、連立関係をもっていた。それに対して、自由経済を主張する吉田自由党が対抗するという図式だったわけである。[13]

それに対して、後の五五年体制の対抗図式は、実は、このような自由資本主義対国家介入経済という、冷戦を反映したエリートレベルの対抗図式とは別のものだった。民衆レベルの中にある全く異なる対立関係を反映したものだったのである。政治エリートはそれを冷戦図式のそれぞれの色眼鏡で解釈しながら、保革ともに集票戦術のために泥縄式に政策を変えていき、五五年体制に至ったというわけである。

五五年体制の保守支持層は、高年齢、自営業者層、特に農村の農家の人々だった。これらの人々は戦前体制への復古志向が強かった。日本の歴史を肯定的に評価する教育導入の試みや、道徳教育を復活させて日本の伝統倫理を教えようとする試みは、このような草の根の保守層を支持者として動員するための戦術であった。[14]

他方、革新支持層は、比較的若年の層や雇用労働者、特に都市の組織労働者だった。間宏は一九六二年の全国地方銀行従業員組合連合会の組合員意識調査の結果を掲載しているが、自民党支持者が二一・三%であるのに対して、社会党支持者は四五・五%、共産党、民社党を含めた野党支持者の総計は五二・二%となっている。雇用労働者における社会党・革新支持は圧倒的だったのである。[15]

大嶽秀夫の指摘によれば、[16]五五年体制が定着した一九六七年の意識調査で見ると、安保・防衛・

天皇制の問題に関しては国民の間に保革の対抗軸がはっきりと観察されるが、「減税か社会福祉か」という質問への回答は、安保・防衛・天皇制への回答と全く相関がないという。「減税か社会福祉か」という質問は、最近まで欧米では左右を区分する重要なメルクマールだった。それが世論に意識されていなかったのだ。「政党のプログラムをみても、社会保障・福祉政策をめぐっては、革新政党と保守政党とはともに福祉の充実を掲げ、保革の対立が存在しない。政府による経済への介入についても、同様である。それ自体としては有権者の関心がつねに高かった「物価問題」をめぐっても、インフレか失業かという形で、政党が有権者に選択を迫ったこともない[17]」。

なるほど政治指導者達の頭の中では、自由資本主義か国営計画経済か、利潤追求か所得分配か、という問題意識は片時も忘れたことはなかった。しかし、現実にはそれを政策レベルの対抗関係にすることはできなかったのである。現実の社会党支持者の多くは、実は党の指導者達とは異なり、国営計画経済など望んでいなかったのだ。農村部に有利な選挙制度のせいでもあるが、社会党に改憲阻止に必要な三分の一を少し超える議席だけ与え、政権はとらせなかったのは、憲法は守りたいが計画経済はごめんだという民意を反映したものだったのかもしれない。

六〇年安保闘争の争点は安保への賛否ではなかった

六〇年安保闘争こそ、この対抗図式の象徴だっただろう[18]。国会周辺は連日デモで埋まり、六月四日の全国のデモ・集会の参加者数は五六〇万人に達した。内閣支持率は戦後それまでの最低を記録した。しかしこの闘争への参加者の多くは、実は新安保条約をよく知って反対していたわけではなかった。警職法のような強権立法まで企んだ、かのA級戦犯の岸首相が、安保条約の暴力的な強行採決を行ったのを見て、戦前体制への復古の危機を感じ取った人々が立ち上がったのである。

丸山真男のような近代主義者をはじめ、決して社会主義実現を唱えているわけではない多くの知識人も、続々この闘争に加わった。小熊は、このときの彼らの、「もう後悔するのはごめんだ」という心情を分析している。かつて、一つ一つの動きを見のがし続けて、結局軍国主義体制へ向かう流れをとめることができなかったあの経験を、ここで繰り返すことはするまい、今ここでこそ起たなければ、という思いである。

結果として、岸内閣は倒れたが、安保は倒れなかった。戦前体制への復古や軍備増強は阻止されたが、計画経済体制ができたわけでもなかった。結果として生まれたのは、池田自民党内閣と、その推進する所得倍増路線である。軽軍備のもとでの高度経済成長。これは安保闘争を闘った指導者達の望んだものとはもちろん違う。しかし、デモや集会に参加した者の多くが実感として望んでいたのは、実はまさにこれだったかもしれない。丸山真男が安保闘争は勝利したと言ったのは、負け惜しみの政治的総括ではなくて、彼の本来的立場に立つ限り正しかったのだ。

正体は身内集団原理と開放個人主義原理の価値観対立

結局こういうことだったのだ。戦争の悲惨な結末は、その根本原因は何だったのかという必死の探究をもたらす。実はこの根本原因は、「身内集団原理とそこからの逸脱手段としての私利私情の利用」というシステムにあるのだが、それを直感するに至った者は、それに替わる原理として、我が身のうちに本来備わっている開放個人主義原理を漠然とでも見いだしてくる。丸山真男や大塚久雄らの近代主義者は、欧米政治学や欧米哲学の概念でもってこの心情に説明を与えた。日本国憲法は、占領軍のリベラリストの言葉でもって、この心情に説明を与えた。かくして戦後、多数派とは言わないまでも、多くの日本人が、このような心情をもって、平和主義と人権尊重、個人の自立と尊厳という戦後民主主義の理念を、自らのものとして受け入れていったのである。

だから、戦後日本社会の中にあった本当の対立は、身内集団原理の価値観と、開放個人主義原理の価値観との対立だったのだ。これが五五年体制の正体である。

ここにおいて開放個人主義原理の価値観に立つ人々の多くが、革新勢力の支持者となったわけだが、これは、保守勢力の背後に、強烈な身内集団原理の価値観に立つ戦前復古派を見て、恐怖したからにほかならない。必ずしも革新側の国家介入的な経済システムのプログラムに賛成していたわけではなかったのだ。このような支持者の状況に適応して、革新勢力は護憲など戦後体制擁護へと、自分達の政策を変えていったわけである。それだから、実際の運動の中では、身内集団原理の発想が強固にある社会党や共産党や労働組合の指導者達によって、その支持者達の開放個人主義原理を志向する行動は、さんざん足をひっぱられてもきた。

開放個人主義原理の価値観を持つ人々の中には、逆に、革新陣営の背後にソ連型の身内集団原理の体制を見て恐怖し、保守陣営についた自由主義者もいた。これは少数だったが、エリート層には比較的多かったのではないだろうか。同じ志向を持った者どうしが、互いを敵として争いあうことになったことは不幸であった。しかもお互い相手の背後に見た脅威はどちらも根拠のないことではなかったので、なおさら不幸だった。そんなリベラリストの代表格である宮沢喜一は、小熊によれば、まだ自民党の若手議員だった一九六五年の対談で、戦後憲法に関して「ぼく以下のゼネレーションはほとんど改憲に反対です。上のゼネレーションは年とともに少なくなる。絶対変わりっこないですよ。またこんな便利なものを変える手はないでしょう」と言った。[19]

実際、吉田茂が裏から社会党にデモをやらせて、アメリカからの再軍備要求を値切っていたのは有名な話である。[20] 憲法上の制約と、アメリカの嫌う左翼陣営の反対運動をダシに使って、アメリカからの軍事貢献要求を値切っていくのは、その後の保守本流エリートの常套手段になった。宮沢の言う「便利なもの」とはそういう意味である。これによって、生産資源を軍備でなく経済成長に振り向ける路線が実現できたのである。

かくして、左右の上位レベル政治指導者達の身内集団原理志向にもかかわらず、一般国民の中に生じた開放個人主義原理の潮流が、平和憲法を定着させ、高度経済成長をもたらす条件を作ったのだった。

高度成長期の開放個人主義エートス

間宏の『経済大国を作り上げた思想』では、その後の高度成長を支えた日本人のエートス[21]が描かれている。彼らは、戦後民主主義のもと、戦争はもうこりごりだと、心から平和を願って軍事的野望を捨て、戦死者に申し訳が立つようにと、まさに命がけで仕事に打ち込んできた。このことはNHKの「プロジェクトX」などでも頻繁に出てくる通りである。その結果、一人も殺さず、一片の領土も奪わず、ただ世界中で頭を下げて、世界のお役に立つことで今日の豊かさを築いた。

これは商人の誇りである。本書第一章出だしのジェイコブスの「市場の倫理」を再読してみよう。「暴力を締め出せ」「自発的に合意せよ」「正直たれ」「他人や外国人とも気安く協力せよ」「競争せよ」「契約尊重」「創意工夫の発揮」「新奇・発明を取り入れよ」「効率を高めよ」「快適と便利さの向上」「目的のために異説を唱えよ」「勤勉なれ」「節倹なれ」「楽観せよ」――大軍備を捨て、世界中で丸腰で取引先を開拓し、誠実さをつくし、今日よりも豊かになれる明るい明日を信じて一生懸命に働いてきた人々。その姿勢はこれらの徳目にすべてあてはまるのではないか。第五章の最後に掲げた角倉素庵の「舟中規約」の理念をすべて体現していたのではなかったか。他者の役に立つために一生懸命働くこと自体が戦死者追悼と平和祈念のための自己目的行為で、利益は後からついてきただけという姿勢は、勤労それ自体が宗教行為だと言う、石田梅岩思想や近江真宗商人の勤勉観と同じではないか。

たしかに先述した通り、戦後の日本の中心になった原理はやはり身内集団原理だった。会社共同体を中心において、そのための手段として営利追求を位置付けるシステムが表に出ていた。「会社のために」という身内集団原理の価値観が、高度経済成長をもたらしたという側面は間違いなく大きい。

しかしその裏で、開放個人主義原理の倫理、商人道にのっとって働いてきた人達も、同様に間違いなくいるのだ。同一の人が、ときには調和し、ときには矛盾に苦しみながら、両原理を共に抱えて働いてきたという場合も多いだろう。

ただ惜しむらくは、多くの人々の間に、ある程度は確実にあったこの商人道のエートスが、無意識のエートスであるにとどまり、意識的な理念として体系化されなかった。憲法や戦後民主主義を護るはいいけれど、その次に何を創るかについてのビジョンにまではならなかった。主要な保革両勢力が掲げていたのは、それぞれの側の身内集団原理の理念である。その両者の激突の末、そのどちらも実現することができないという形で、はっきりした理念なく、あくまで単なる結果均衡として、開放個人主義エートスの許容する軽軍備高度成長体制ができただけだった。そのような無意識のエートスは、世代を超えた継承可能性という点で弱点を持っている。そのため、今日に至って、戦後は経済繁栄ばかり追い求めて心の問題をないがしろにしてきたとか、戦後民主主義のせいで公共心のない世の中になってしまったとかいう宣伝が、世の中に蔓延するようになってしまった。

「そうではない」。そう反論するためには、この戦後の無意識のエートスを意識化し、はっきりと言葉で言い表さなければならない。かつての商人道こそがその手がかりとなる。

第九章　反撃せよ商人道

「反日」「売国奴」「国賊」という言葉が、人をけなす用語として氾濫するようになったのは、世紀の変わり目ぐらいからだっただろうか。それ以来、侵略の歴史を教える教育、ジェンダーフリー、夫婦別姓、女系天皇と、次々と集中攻撃の的にされていった。日の丸君が代強制では先進民主主義国では例のない良心の問題での教員処分がまかり通り、反戦ビラ入れだけで逮捕者が出た。左派・リベラルの出版は不振を極めている一方で、右派系雑誌は売れて売れて気焔を吐いている。「武士道」再興を訴える書物が次々出て、「滅私奉公を」、「教育勅語を」という言説が支持を集める。高飛車なお説教屋ばかりが受けて視聴率をとる。石原都知事はいくらでも暴言を重ねながら三選を果たす。「戦後レジームからの脱却」をスローガンに掲げ、改憲を公約した安倍政権も誕生した。

〇七年参議院選挙での自民党大敗でこの傾向が変わったと判断してはならない。これで教育基本法が元に戻ったわけでもなければ、国民投票法がなくなったわけでもない。このような状況が生み出された根本原因に変化はないのである。

すなわち、人々は、公共性を失ってただれた世相に、うんざりしているのだ。身内共同体としての日本の共有「空気」が壊される危機感を持っているのだ。そこで、誰かに強く道徳を説いてほしがっているのだ。この雰囲気、昭和初期と同じである。

しかし、ここで本当に身内集団倫理を打ち出して乗り切ろうとしていいのか。何だかだんだん堅苦しくなっていると思わないか。イラク人質事件でも郵政解散でも反飲酒運転でも安倍叩きでも、いいことでも悪いことでも、世間の空気がすぐ一方向に流れ、ますます異論が言えない世の中になっていると思わないか。特攻隊員や玉砕兵士が声高に讃えられるようになっているが、では自分が本当にそんなふうになりたいと思うのか。そうなれない自分は道徳的に劣るのか。あるいは、「自分はそうはなれないけど、本来そうなるのが道徳的に優れたことだ」と自分の子供に言えるのか。戦後教育で育った自分は、そんなに言われるほど情けないものなのか。

違うのだ。たとえれば、カレーもラーメンもオムライスもナポリタンも、戦後日本になじんできた日本食であり、しかも世界中の人が食べておいしいものだ。今さら食べるなと言われても困る。私達は戦後民主主義六〇数年の歴史の中で我が身が作られているのだ。そこにはこれからも引き継がれるべきものがたくさんあるのではないか。しかも全人類に共通し、この日本でも連綿と続いてきた本質を持ったものが。

今こそ、長い短いはあれ、それぞれの人生にあわせて生き抜いてきた戦後を振り返り、これからの引き継ぐべきことを考えてみよう。そのときに基準になるものこそ、商人道である。市場化とグローバル化で身内集団原理が崩れていくこれからの時代、本当に必要とされるのは開放個人主義原理の普遍主義的道徳なのだから。

保守本流派だったあなたへ

吉田茂、池田勇人といった保守本流政権が定めた軽軍備通商国家路線こそ、戦後日本の繁栄につながった枠組みだったことは間違いない。これによって、戦後日本の経済人は、より安く、より良い品を作るために資源を振り向けることができた。そして、一切のおカミの武力を頼みとせず、世界のどんな危険な場所にも丸腰で飛び込んで商機を求めてきた。力に頼らず、みんなに受け入れられることを目指すのは商人道の基本である。

たしかに保守本流が後に経済の財政依存を強めてしまったことは反省すべきであるが、これは金もうけを重視すること自体が悪いことだったというふうに総括するべきではない。仮にも商人におカミ依存の体質をつけてしまったことが反省すべきことなのである。

それにもともと保守本流の政治家が地元利権の擁護者になってしまったのは、地元の具体的な支持者達のことを常に考え、その生活をよくしようとしたからでもある。このようなやり方がこれからも通用するわけではないが、しかし、一人一人の具体的な人間のくらしに気を配ること自体が悪かったわけではない。今の「改革派」を名乗る若い保守政治家には、具体的な人間から切り離された天下国家論を軽々と語る傾向が見られる。そして、それを清廉でいいことのように言う風潮が感じられる。かつて天下国家の理念が一人歩きして人間をふみにじった例を思い起こすと、そら恐ろしい気がする。商人道の示す商人のように、具体的な一人一人の顧客のくらしに役立つことを目指す姿勢は必要なことである。それが、これからは地元の一部の人にとどまらない、わけへだてのない幅広い人々である必要があるというだけなのである。

戦後通商国家路線が大きな成功をおさめ、日本が巨額の対米貿易黒字を出して対外純資産世界一になった一九八〇年代前半、戦前の日露戦勝時に比すべき高慢なナショナリズムが興りはじめた。そのとき、これに抗して、ポーツマス帰りの小村寿太郎が受けたような罵詈雑言を浴びながら、戦後通商国家路線を擁護したのは、通産官僚の天谷直弘であった。

天谷は、感傷的で怨念型のナショナリズムを、安物ドラマの意味の「ソープ・オペラ」になぞらえて、「ソープ・ナショナリズム」と呼んでいさめた[1]。そして、『日本町人国家論』を著し、武士方式でいくならば、大幅に増税して軍備を整え、それを行使する覚悟をするばかりでなく、一冬ぐらい灯油がなくても「やせがまん」できなければならない、それができるのか[2]と問い、そうではなくて、大商人の矜持を持って「町人国家」に徹せよと主張した。そして、「必要とあれば、産油国に対して『油乞い』もしなければならず、時には七重の膝を八重に折っても『武士』に許しを乞わねばならぬこともあるであろう。／同時に、『武士の国』や『油の国』の強さも弱さも知り抜き、時流の本質、歴史の動向を洞察し、身の振り方を誤らぬしたたかな知恵ももたなければならない。出すべき時に思い切って大金を投じる度胸も大切である[3]」と言い切った。

はたして、その後の日本は天谷の言うとおり、大商人の矜持を持った「町人国家」に徹することができただろうか。本書の第一章にも見たように、「武士道」型倫理と「商人道」型倫理を混同すると、都合のいいところだけつまみ食いする腐敗が生じる。天谷も同じことを言っている。「武士のように威張りたい。カッコよいことも言いたい、同時に町人のようなぜいたくもしたい。武士としてのやせがまんも町人としてのもみ手もともにしたくない。いかなる場合にも金は出したくない、負担は避けて通りたい」。このような立場は、「有害無益[4]」だとしている。

どうも官民挙げて、大商人の矜持なきまま、武士のまねごとに色気を出し、こんな中途半端な立場に陥っているのではないか。カラ威張りしては失敗して這いつくばり、商人としての矜持も信用も崩していって、ただ、内心に「ソープ・ナショナリズム」流の怨念を溜め込む結果になってはしないか。

もう一度、戦後通商国家路線の意義を思い起こすべき時期にきているだろう。

マルクス主義者だったあなたへ

もしあなたが国有中央計画経済をよい体制と考えていたのなら、そのことだけを反省すればいい。マルクスの未来社会像は、それとは全く違う。今日では「アソシエーション」と呼ばれている、自立した個人の水平的連合社会である。

『経済学批判要綱』などで明らかになったことなのだが、もともとマルクスは、前近代社会と近代資本主義社会との間に大きな質的な進歩を見ていた。これは、拙著『近代の復権[5]』のテーマなので、興味のある人は是非読んでいただきたい。前近代社会では、人間が直接人間に従属し、個人はみな共同体に埋没していた。本書の言葉では、身内集団原理ということである。これが、近代資本主義社会では、共同体が壊されて個人が自立し、誰もがわけへだてなく取引しあう社会になった。開放個人主義原理である。ただし、市場メカニズムが人間のコントロールを離れて自立し、その「モノとモノとの交換」の力で人々が動かされるようになった。

マルクスによれば、未来のアソシエーションは、近代資本主義経済によって作られた、自立した個人と世界中わけへだてない人間関係を引き継ぐ。だからこれも開放個人主義原理である。本書冒頭の定義で、市場よりもっと広い意味を込めて、「開放個人主義原理」という言い方をすると定義したが、それは、市場原理以外にも、アソシエーションもこれに含めたかったからである。アソシエーションでは、人間が自立してわけへだてなくなっているのだけど、「モノとモノとの交換」ではなく、ヒトとヒトとの直接の合意によって人々が動くのである。

だからマルクスが近代資本主義に見ているのは、単に労働者に堪え難い搾取を課す悪役ばかりではない。アソシエーションという個々人の合意で動かせる社会を可能にする条件を作るという積極面も指摘しているのだ。『共産党宣言』など、このような目から見ると、資本主義礼賛の書にも見える。人々が、各自の部門や技能やムラや民族などに閉じ込められてばらばらになると、それを超えた全体社会の展開は、当事者達自身で民主的に話し合って動かすことができなくなり、どうしても上に立つ支配階級がでてきてしまうからである。資本主義によって、共同体の縛りが打ち壊されて、わけへだてのない人間関係が生み出されたからこそ、部門や民族などを超えて、人々が民主的に話し合って合意をつけてやっていくことができるようになったというわけである。

今述べた条件。人々がわけへだてなく個人として扱われること。そうしてその誰にでも誠実に振る舞うこと。これはまさに商人道の精神である。マルクスが言っていることは、資本主義市場経済がもたらす自立した普遍的個人を引き継ぎ、さらに次の段階で、他者を自己の利潤追求の道具にしない、他者そのものが目的になる社会を目指すということである。これは商人道の目指した理想そのものである。

ビジネスにはげんできたあなたへ

会社共同体にどんなに第一価値をおいてきた人でも、どこかで一面、顧客の役に立とうということを誠実に目的にした自分がいたことだろう。それに気づいたならば、これからはその一面を伸ばしていけばよい。

これまで身内集団原理が根強く、何かと外部からの目を嫌ってきた日本企業であるが、株式持合が崩壊して株が割切った市場原理にさらされるようになると、今までのようにはいかなくなってきた。二〇〇三年八月三〇日の『日本経済新聞』では、「不祥事企業の株価低迷」と題し、日本ハム（牛肉偽装）や東京電力（原発トラブル隠し）など、当時不祥事を起こした企業の株価が低迷していることを報じている。あまりこのような状態が続くと乗っ取り屋に狙われかねない。それゆえ不祥事防止は企業にとって差し迫った課題となった。

『日経』のこの記事の隣には、「不祥事再発防止／相次ぎ体制強化」と題した記事が続いている。東京電力は研修を拡充し、社外に内部通報窓口を設置する。日本ハムはコンプライアンス（法令遵守）部門を拡充してチェック機能を集中させる。その他各社の取り組みが紹介されている。

さらに、二〇〇三年に経済同友会が「市場の進化と社会的責任」と題してCSR（企業の社会的責任）を自分達の白書に取り入れたところ、CSRの担当部門をおく企業が急増した。二〇〇四年九月二三日の『日本経済新聞』は、CSR報告書を発行した企業が続々現れたと報道し、リコーやNEC、アサヒビール、TOTO等の例が紹介されている。

二〇〇五年二月一九日の『週刊東洋経済』では、企業の社会貢献の特集をしている。そこに載っているアンケート結果によれば、社会貢献活動に年間一億円以上使っていると答えた企業は四分の三、一〇億円以上使う企業も二〇％にのぼった。半数の企業が、新潟県中部地震とインド洋大津波の被災者支援のために、三千万円以上使ったと答えた。七七％の企業は、NPOやNGOに支援を行っていた。そして、何ページにもわたって、数多くの企業の社会貢献の取り組みが報告されている。そこでは、社員のモチベーションを高め、息長く会社のファンを作り出していくために、いかに社会貢献活動が重要かということが論じられている。そういえば、例の尼崎列車事故のときに、生産ラインを止めて社員みんなで救助にあたった「日本スピンドル製造」という会社があった。その後この会社の株は急上昇し、就職希望者も増えているという。

これからは、勤労者の年金基金の運用などでの、「社会的責任投資」も盛んになってくるだろう。企業の社会貢献の度合いを株式購入の指標の一つにするのである。環境への配慮が足りないとか、進出先の発展途上国で奴隷的な酷使をしているとか指摘された企業は、株が売りに出されてしまう。今後先進国の年金基金が共同してこのような運用を行えば、それは企業経営に大きな影響を与えることになるだろう。

そして先述した通り、二〇〇七年には関西経済同友会が「上方発企業の社会貢献宣言——志高き企業経営を目指して」を発表し、相次ぐ不祥事報道を受ける中、企業が、上方商人道の原点に立ち戻って、目先の利益を追わず社会に貢献することを本分とする旨提唱した。

結局これからの企業経営は、会社の内部を目的として外の人々を食い物にする、というような姿勢ではやっていけなくなったのである。世界中の人々から信頼されることが何よりも重要になってきた。これはとりもなおさず、開放個人主義原理の倫理観、「商人道」が必要な時代ということである。そして実際に多くのビジネス人によって、これを実践する模索が始まっているのである。坂本光司の『日本でいちばん大切にしたい会社』(あさ出版、二〇〇八)がベストセラーになっていることにも、そのことへの人々の期待が表れている。

労働運動を担ってきたあなたへ

もちろん筆者も現実の資本主義のシビアさについてはよく認識しているつもりである。やはり労働者をはじめとする民衆の闘いなしには、企業はそう簡単に情け容赦はするまい。格差拡大にも過労死にも歯止めはないだろう。しかし、こういったことに対抗する労働者の闘いの方にも転換が迫られているのである。

従来の企業別正社員労働組合は、明らかに身内集団原理の時代の組織であった。企業の外との「連帯」はお題目で、目前の非正社員の境遇にも気を払わなかった。「国際連帯」などもっと無内容なお題目に終っている場合が多かった。ところがその姿勢が今、時代にあわなくなっている。そのことが、労働運動の衰退の最も大きな原因である。

なぜなら、正社員と非正社員の待遇に差があり、正社員の方がコスト高になっているならば、企業はいまや簡単に正社員を非正社員とおきかえることができるようになったからである。あるいは、先進国の労働者と発展途上国の労働者の労働条件に差があり、先進国の方がコスト高になっているならば、先進国製品は国際競争に負け、企業は簡単に先進国の工場をたたんで発展途上国に進出するようになったからである。このような状況の元では、先進国の自社の正社員の待遇だけを上げることは、自分達の雇用を減らすことに直結する自殺行為になってしまう。だから現状の労働組合はすっかり大人しくなってしまって、会社と一緒になって労働者の尻をたたいたりさえしているが、こんなメリットのない労働組合が見放されて組織率が低落していくことは当然のことである。

このような時代に労働者の境遇を上げようと思ったならば、非正社員の労働条件も、発展途上国の労働条件も等しく底上げしないことには、雇用が守れないことになる。結局、企業の枠を超えて、非正社員も、ひいては発展途上国の労働者も、すべて団結の対象に含めた労働運動が必要になってくる。組合員みんなが「団結の営業」を心掛けなければならなくなる。すなわち、身内集団原理を克服し、開放個人主義原理に立たなければならない。労組倫理も商人道に転換しなければならないのだ。

戦後労働運動が、戦後民主主義の防衛という点で商人道側に立ってきた業績を思い起こし、労働者の境遇の改善に貢献してきたことを誇った上で、今、新しい時代に合わせた普遍主義的転換をはかっていかなければならない。

NPO、協同組合などの市民事業を担ってきたあなたへ

この二十数年、街頭を騒がせる華々しい闘争が抑え込まれて以降、ある静かな変化が足下で進行している。身内集団原理の発想強固な人々が、忠誠の対象を左翼党派から会社共同体に移した後も、開放個人主義原理の発想の人々を中心に、社会的価値を忘れることのできなかった人々がいた。彼らは、解決すべき深刻な社会問題を目前にして、かつてのような声高な政治行動に訴えるのではなく、その場に静かに座って自分の手で直接に問題の解決に取り組みはじめた。いわば「**政治から事**

業への社会運動の転換」である。

資本側に対して、搾取がけしからんというならば、あるいは身勝手な倒産がけしからんというならば、国家権力を握って国営化をなどと言う前に、じゃあ従業員が自分達の手で民主的に、搾取のない経営をやってみよう。発展途上国の民衆を貧困におとしいれる国際的な搾取の構造がけしからんというならば、自分達の手で発展途上国の民衆と直接公正な交易を行い、相手のくらしも自分のくらしも豊かにしていくことをめざそう。営利追求で環境が損なわれているというならば、環境をまもる事業をはじめよう。医療が貧困だ、福祉が貧困だというならば、地域住民が自分達の手で医療や福祉の事業に取り組もう。大規模大型店の攻勢でまちの中心部が衰退しているというならば、まちにくらす人々自身の手でまちを盛り上げていこう。――このような動きが八〇年代ぐらいから全国のあちこちで始まった。そして、一九九五年の阪神淡路大震災の一三〇万人のボランティア、一九九七年の日本海重油災害の二七万五千人のボランティアを経て、一九九八年にはNPO法人の法制度ができ、協同組合やNPOやNGOなど様々な形態で、事業として社会的価値を追求する人々がかつてない規模で出現することになった。

筆者が西川芳昭、伊佐淳と共同編集した『市民参加のまちづくり 事例編』[6]では、このような取り組みの代表的事例について、主に当事者自身の執筆で紹介してもらっている。そこには、九大新キャンパスの環境保全事業に取り組むNPO法人「環境創造舎」、生ゴミを発酵させて堆肥化する事業に取り組むNPO法人「伊万里はちがめプラン」、中心市街地を高齢者が利用しやすくするためのタウンモビリティ事業、まちの犯罪防止に取り組むNPO法人「ガーディアンエンジェルス」、衰退からまちをよみがえらせた湯布院や長浜の住民達の取り組み、フィリピンの農民達との有機バナナの民衆交易、グリーンコープ系の福祉ワーカーズコレクティブ（労働者自主管理事業）など、とても興味深い事例の数々を掲載した。関心を持たれた読者は是非ご検討いただきたい。同書では外国の事例も少し紹介しておいたが、このような傾向は同時代的に世界的に起こっていることであることも、強調しておきたい。ここに見られる、社会への貢献や、従業員などの意思決定参加は、江戸期商人道の理想とするところだった。

筆者は、やはり西川、伊佐と共同編集した同書の姉妹編『市民参加のまちづくり 戦略編』(7)において、これらの事業が腐敗してしまった変質例を検討している。そこでわかったことは、身内集団原理が行き過ぎて閉鎖化することが、これらの事業の変質の重要なルートになっているということである。内に身内集団原理をおき、手段的な汚れ仕事として市場競争を位置付けるという例の日本近代の図式にはまり込むかぎり、資本主義企業をしのぐ過激な過重労働企業になったり、ワンマン経営者の独裁が発生したりしてしまう。

同書での筆者達の結論は、これらの事業が変質を避けて持続されるためには、開放的な、いい意味での企業家精神を持たなければならないということである。それは、ジェイコブスが「市場の倫理」としてあげた徳目に見られる。創意工夫と新規革新を尊び、常に新しい協力者を受け入れ、情報を公開し、そして節約と収支採算を追求する。

それに対して、精神主義的なボランティア論こそ失敗の元である。実際に成功している事例を見ると、たとえ無償ボランティア事業であったとしても、きっちりとした収支追求は事業継続の鍵である。ひとりよがりに陥らず、常に受益者の側の評価に素直に耳を傾けることは、ビジネスであれボランティアであれ変わらず必要な誠実な態度である。

実際、これらの事業に乗り出す人々の多くは、ＮＰＯ法人にするか有限会社にするか協同組合にするかという事業形態の選択を、実に便宜的にわりきって行っている。それぞれの立場にとって、契約や融資や補助金などの上で何が有利かを考えて選んでいるだけである。形式上の営利、非営利は重要ではないのである。

重要なのはヒト様のお役にたち、その結果について広い意味での報酬をいただくことである。ＮＰＯが「非営利」というのは単に出資の見返りとしての配当を事業目的としないというにすぎない。ヒト様のお役に立ったなら、その証明としてお金をいただくのは何もやましいことではない。公正そのものの当然のことである。人によって何がトクであるかはいろいろあるのだから、自己満足であれ何であれ別に十分報いる方法があるならば、場合によってはその成果証明はお金にかぎらないというだけである。ただ、ヒト様のお役に立つことが第一にくることが大事なのである。結局、これらの市民事業も、商人道の実践であることが何よりも肝要ということになる。

近代主義者であったあなたへ

今、丸山真男ら近代主義の復権の気運がある。長く筆者が共感を持って注目し続けてきた山岸俊男が最近の著作『心でっかちな日本人』のあとがきで、自分が今言いたいことは、丸山ら「進歩的文化人」の「逆襲」ということではなかったのかと言っている。(8) 筆者はそれを読んで、「そうそう自分もこれがいいたかったのだ」と納得した。

なぜこれまで戦後近代主義は批判されてきたのだろうか。――丸山らが理想とした、自己に責任を負う自立した公共性ある個人など、一般大衆にはとてもなり得ない超人ではないか。現実の日本人を、人権意識がない、個人が自立していない、無責任で付和雷同だ、上に従順下に傲慢だと、上からの目線で裁断し、あるべき理想の市民像を押しつけるなど自分は何様のつもりだ。そんな欧米直輸入の概念を日本に持ち込もうったって、とても無理だしそんな必要もない。このような批判だったと思う。

筆者の若い頃などは、こんな批判を鵜呑みにして、正しいものなどない、あるがままの大衆でそれでいいと、相対主義を唱えていたものだ。後述するとおり、このような姿勢は全く間違いだった。

丸山達は、市場経済のなりわいと無関係なところに「公共性ある個人」を求めていたから、そのイメージは欧米から知識人が借りてきたもののように思われ、一般人には修得不可能だと反発されたのである。しかし、本書において交換取引行為から望ましい個人像を導きだした私達は、丸山的「公共性ある個人」がそんなに超人的なものではないことを知っている。**それは「商人道」だった**

のだ。それは欧米に限らず、流動的人間関係を秩序づけるためには必ず必要な、人類普遍の倫理だったのだ。だから、日本にないものを押し付けてくるという反近代主義者からの批判も、日本にないからけしからんという近代主義者の裁断も、ともに間違っていたのである。

　要するに、最もキーとなるのは、「見も知らぬ他人にもわけへだてなく誠実であれ」という、それだけのことである。これは筆者も常に守りきれる自信はさらさらなく、決して簡単なことではないが、しかし一般凡人に全く不可能な超人わざでもない。日本人も連綿とこれまでやってきたことだ。努力して心がけるぐらいはできる。

　誰とでもわけへだてなく、好意を信じて好意を尽くすことは、「食うか食われるか」という発想ではできない。単なる利己ではなく、それ自体が公共的なことである。そして、どこからうわさがもれるかもしれないと自戒しながら、陰ひなたなく様々な他者とみな好意的に接するなら、特定の人間関係だけに埋没することはできなくなる。つまり、八方美人も張り通すと、強く自立した個人になれる。それゆえ、「公共的で自立した個人」という近代主義の理想像は、ただこれだけのことで実現できてしまうのだ。

　特に今日においては、同じ一人の人が、例えば勤め先の企業で顧客や同僚や取引先との様々な人間関係があるばかりではなく、労働組合——望ましくは企業別を脱却した——に属し、職域生協に属し、地域では複数の消費生協に属し、ＰＴＡに属し、いくつかのＮＰＯに属し、世界的なＮＧＯにも属し、趣味の団体に属し、世界を相手にネットビジネスもしているということがあり得る。その上もちろん家族がある。そうするとそのような人は、孤立した個人ではないが、さりとて特定の集団に埋没もしていない。すべての集団の人間関係に陰ひなたなく気を使えば、特定の集団に従属することはできなくなる。社会性を持ちながらなおかつ個人として自立できることになる。社会性と個人性の両者が引き合いの関係にあるのではなくて、活動する部面が増えて社会性が広がると、それだけますます埋没性がなくなって自立した個人になれる。(9)

そして商人道的発想を持てば、さんざん批判されてきた戦後近代主義者の「大衆蔑視」なる態度に陥ることなく、さりとて相対主義にも逃げることなく、自分の信じる「普遍」を他人に説くことができるようになる。なぜならここで、自分が普遍的だと信じる「善き生きざま」は、一種の「商品」に比すべきものと発想されるからである。

他人の価値観について、それが何らかの問題をもたらすと思ったならば、それを放置する相対主義に陥るべきではない。自信を持ってもっと善いと思うことを説く必要がある。ライバル会社の製品を愛用している消費者達を前にして、自分の製品に絶対の自信がある商人が、「我が製品を使った方がいいのに」と思うことは、別に相手を蔑視していることにはならない。あくまで消費者の自主的な判断を尊重しながら、反発を受けぬよう注意しつつ、自分の製品の方が役に立つということを知らせるマーケッティング活動をするだけのことだろう。それと同じである。

よって、相手の考える今の生きざまよりも、自分の考えるものの方が、相手の潜在ニーズに合っていると思うこと自体は「大衆蔑視」ではない。ただあくまで相手の判断を尊重して信頼する姿勢が必要なだけである。その上で、自分が善いと信じる生きざまを「マーケッティング」していくことが必要になる。

そして結局残念ながら受け入れられなかったならば、それは、自社商品が結局受け入れられなかった商人の場合と同じである。消費者が悪いのではなく、もともと自分の製品が相手の潜在ニーズを満たせなかったのか、売り込み方が悪かったたか、どちらかである。それと同じで、自分の考えが受け入れられなかったとしても、相手が「遅れている」などと蔑視してはならない。もともと自分が「善き生きざま」と考えたものが独り善がりで相手の潜在ニーズを満たせないものだったのか、それとも売り込み方が悪かったたか、どちらかである。こちらの側の練り直しが必要なだけである。

ここで重要なのは、商人道に徹した商人は、自社製品の売り込みのために、公権力や私的暴力や独占・寡占の力に依存しようとはしないということである。それと同じように、自己の価値観を提唱する者も、公権力や私的暴力や独占・寡占の力に依存せず、開かれた公正な競争をこころがけなければならないのである。

相対主義者だったあなたへ

筆者達八〇年代はじめに知的営みを開始した開放個人主義感性の者は、先述のとおり、近代主義批判を鵜呑みにして、「自立した個人」の概念にしても人権論にしても、保守的伝統やスターリン主義とどっこいどっこいの束縛だとみなしていた。目前に流行する相対主義の言説こそ、自己の開放個人主義的感覚に合致したものに思われた。相対主義とは、思想信条や文化や価値観は、どれもこれも普遍妥当性などない、優劣をつける合理的根拠もない、この世に絶対正しいものなどないという主張である。

ところがこういう志向で相対主義運動をしていた者は、冷戦後の排外ナショナリズムが、まさに相対主義を口実にして人を抑圧していることに直面して動揺するはめになった。昔は「西洋文化は進んでいる」という素朴な思い込みが、西洋中心主義的な抑圧的現実を正当化していた。だからそれに対して相対主義が反論し、「西洋文化が他の文化と比べて優れている根拠はない、それぞれみな対等なのだ」と言った時、それは抑圧的な現実に対するラジカルな批判の意味を持った。ところが実は、普遍的根拠付けから自民族の優位を素朴に信じていた昔の右派はまだましだったのだ。今日のナショナリストは相対主義の言葉を使い、それぞれの民族文化はそれぞれ何の合理的根拠もない点で対等なのだから、各自は何の根拠がなくても自分の民族文化を選び取ることをあえて決断し、それぞれ何の根拠もなくても自民族文化の優位を信じていていいのだと開き直っている。相対主義に立つ限り、これに言い返す言葉は何もない。

欧米が人権論や民主化要求をタテに発展途上国に圧力をかけはじめたとき、相対主義者達は真っ赤になって怒ってその近代主義性を批判したものだ。そのとき彼らは、小国の独自文化の自立性を擁護しているつもりだったのだろう。ところがそうやって、セルビアのミロシェビッチ政権やアフガニスタンのタリバン政権等による抑圧の犠牲者から目を背けているうちに、そのむくいが自分にめぐってきて、お前はGHQの押し付けに毒されて日本の伝統にしたがわぬ反日分子だ、と抑え込まれる番になってしまった。その攻撃が著しい場合は人権原理や戦後憲法に訴えて訴訟を起こす人もいるだろうが、そんな行為を是認しながら、タリバン政権下で不条理にリンチ死させられる人々について何も言わないのは、身勝手な二重基準《ダブルスタンダード》もはなはだしい。アフガンをアフガンの伝統に任せるなら日本を日本の伝統に任せると筋を通して、右翼に転向してしまった者の方がまだしも潔い。

いったい今政治闘争の主要な戦場はどこにあるだろうか。地域の草の根における、ジェンダーフリー批判や性教育批判や「日の丸」「君が代」強制や歴史教育批判等々をめぐる問題である。要するに多様な個々人の自由な生きざまを尊重しようとするか、そこに従来の日本の伝統で枠をはめようとするかの闘いである。このとき、個人自由派側にとって文化相対主義は何の役にもたたない。そんなものは、「欧米的振る舞いは日本の文化風土にはあわない」という保守側の攻撃を後押しするばかりである。

文化の相対主義にとどまらず個々人の相対主義にまで進めて議論に使ったならば、今度は、現実にミロシェビッチ政権やタリバン政権の抑圧で犠牲になっている多様な個々人をどうするのかに答えなければならなくなる。自分が自由になりたいなら、彼らも自由になるために現実に何ができるのかを真剣に考えなければ筋が通らない。この種の闘いにおいて個人自由派側は、しばしば国連などの国際機関の権威を利用する。これ自体は悪いことではないが、もしそうならば、国連等などの国際機関の力がミロシェビッチを裁き、タリバン政権を倒したことについて、とりあえず一歩前進との評価をしなければ筋が通らない。

結局、欧米が人権論や民主化要求をタテに発展途上国に圧力をかけること自体は批判できないのだ。人権や民主主義、個人の尊重といった理念は、やはり西洋の独善文化ではなかった。**全人類に通じる普遍性があったのだ。**そう言い切ってしまうとすっきりくる。欧米の圧力が逆に人権蹂躙を伴っているならば、その理念の偽善的な不徹底さを批判するべきなのであり、だから人権論は駄目なのだという論拠に使うべきではない。

今から振り返ると、そもそも筆者達が相対主義に走ったのは、保守側はもちろん、左翼側からも身内集団主義の押しつけを受けていたことに反発したからである。そこで筆者達は「どんな主義主張も掲げてはならない」と言って相対主義運動をしていたのだが、実は主義主張を無意識に背後に隠し持っていたからこそ運動に奉仕できたのである。それは、今から考えれば、「左右の身内集団主義の押しつけがなくなれば、みんながお互いを尊重しあって平和になれる」という主張だったのだ。これは予想としては当たらなかった。冷戦後、バブル後、巨大な身内集団主義思想を掲げなくなった人々は、新たな身内集団思想を掲げるか刹那的な欲求を追い求めるかして、お互い傷つけあったのである。

だから筆者達が、身内集団主義に反発するのはいいが、主義主張一般を排撃しているかのように自己認識していたのは実は間違いであって、異質な人々がお互い尊重しあって協力しあおうという価値観を対抗的に打ち出していることを自覚するべきだったのである。この価値観こそ、商人道にほかならない。

護憲派だったあなたへ

さんざん「押しつけ」呼ばわりされながら、戦後憲法は日本国民に受け入れられ、根付いてきた。なぜか。——この理念が商人道の理念と一致しているからではないか。戦後憲法の理念も、流動的人間関係で社会秩序を作る時に必然的に出てくる人類共通の原理だったのであり、それゆえ、日本でも古来絶えることのなかった開放個人主義原理の価値観の系譜と共鳴しあい、一体化したのだろう。

日本国憲法の基本理念は、すべての個人の尊厳の規定に基づく。個人として尊重されるがゆえに、基本的人権を持つ。石田梅岩は、すべての個人を天の子とみなした。近江真宗も、すべての個人を等しく直接に弥陀の慈悲を受ける存在とみなした。

また、誰にでもわけへだてない公正さを求めるのは、江戸期商人道共通の眼目であるが、これも、人間をその所属によって差別せずに、すべての個人を尊重するという人権原理に通じている。

この商人道倫理の内実を離れたところで、形だけ人権概念を一人歩きさせてきたから、保守側から「人権概念は悪人をのさばらせる」というような批判を受ける事態もあったのである。第一章で見たように、開放個人主義原理は人の善悪を個人ごとに評価し、悪人ならば身内集団原理よりもむしろドライに避ける傾向を持つ。生まれや民族等々のグルーピングの所属によって、個人の人格性を勝手に予断されたり、えこひいきのある境遇を受けたりしない、ということが重要なのである。

また、「誰でもわけへだてなく誠実に」ということに加えて、「暴力によって自分だけ有利になろうとしない」、「人間というものはとりあえず信頼できる」ということは、商人道側倫理の基本的態度である。これは、戦後憲法の柱である平和主義と国際協調に通じる。石田梅岩が、正直が行われれば「四海のうちみな兄弟のごとし」と言った理想そのものである。角倉素庵の「舟中規約」が、すべての国の人が天からさずかった本性は同じとみなし、差別なく平等に愛情を注ぐ存在「一視同仁」だと言ったこともそうである。そして実際に、世界の人々に役に立ち、その見返りに幸せになるという商人道の実践が、まさにこの理想の内実をなしたのである。経済が成熟した現在でも、私達はこれからもまだまだ世界の人々のくらしの役に立つことができる。そしてその見返りにもっともっと幸せになることができる。それが物質的なものとは限らないというだけなのである。

また、女性の地位の高い商家の常識からは、男女平等規定は不自然なく受け取られるだろうし、異見の討議にもとづく合議を重視し、ときには当主解任も辞さない文化にとっては、戦後憲法の民主主義規定は何の違和感もないだろう。

理想を抱こう

以上より、戦後日本の様々な立場で、これからの開放個人主義的社会に引き継いでいくべき態度や志向を検討すると、いずれも昔の商人道の主張で説明がつき、一つの体系に総合できることになる。
こうして見てくると、商人道の理念を追求していけば、ビジネス企業も、ＮＰＯや協同組合のような市民事業も、マルクスのアソシエーション像も、結局同じようなものに行き着くことがわかる。従業員はじめ関係当事者が意思決定に民主的に参画し、高い社会的価値を掲げて、相手のために役立つことを第一義に取り組まれる事業である。見返りは、結果としてもらって、それによって事業を継続させ、さらに関係を広めていく。

商人道の理想では、このような諸事業と諸個人が、国も身分も何もかも超えて、わけへだてなく誠実に相手のために役立ちあって、もって世界に平和と繁栄がもたらされることが目指される。これは、専制と隷従、圧迫と偏狭が地上から永遠に除去され、全世界の国民が、等しく恐怖と欠乏から免れ、平和のうちに生存することを希求する日本国憲法の理想にもつながる。

ソ連等の共産党独裁の悲惨な実態があらわになって以降、私達は理想を掲げることに臆病になってしまった。しかし、これらの国々で理想を掲げることが悲惨な抑圧を生み出したのは、政治権力を使って、理想通りでない現実を理想にあわせて強引に変えようとしたからである。

そうではないのだ。理想は百年やそこらで実現されるようなものなら理想ではない。政治権力をふるおうが何をしようが、私達の現世で実現できるものではない。

その昔、革命組織の言う通りに革命的政治活動をして理想が実現できると思っていた人は、教会の言う通りに修行やお布施をすれば天国に行けると思っていた人に似ている。それを批判して、プロテスタントや石田梅岩や近江商人は、神仏とは自分一人で祈るもので、修行やお布施をしても魂の救済には関係ない、日々の勤労そのものが宗教行為なのだと言った。

これになぞらえれば、社会変革の途はどんな革命組織に聞いてもわからず、現場の中で一人で体得するものなのであって、政治活動をいくらしても理想の実現には関係ない(10)ということになる。理想は五百年後か六百年後かわからないけど、いつかは必ず実現する。それを確信して、日々の業務に誠実にはげむことが遠い将来の理想の実現につながるのである。かつての革命への献身が忘れられず、日常の事業に取り組む今の自分に卑小さを感じている人は、大変な宗教的修行をしないと魂が救われないのかと自分をあきらめていた宗教改革以前の人に似ている。そうではないのだ。毎日毎日、目の前で出会う具体的な一人一人の人に喜んでもらえるよう、チマチマとした決して英雄的でない業務を誠実にこなすことが、若き日の灼熱の理想に思い描いた全地球的社会変革を、一歩一歩着実に実現しているのである。

立派な「商人」になろう

今、あの強固にみえた会社共同体も、企業集団も、国民経済のまとまりも崩壊しつつある。社会のあらゆる場面で身内集団が崩れ、割切った市場取引に変わりつつある。それなのに従来の身内集団原理の「大義名分—逸脱手段」システムでは、市場取引そのものは倫理がないただの手段だった。それゆえに、中心にあるべき身内集団が崩れた今日、来るべき市場社会は、仁義なき万人の万人に対する戦場となりつつある。社会全体がギスギスと連帯感を失って、猟奇犯罪がさらに続発するだろう。

先に述べた通り、台頭する今日のナショナリズムは、国家共同体を中心に掲げ、身内集団倫理を強調することでこの危機を抑え込もうという志向である。昭和軍国主義をもたらした「滅私奉公」型の解決である。

彼らは、戦前の北一輝や農本主義が近代化を批判したのと同様のフレーズで、「戦後」をけなす。曰く、経済優先。曰く、物質文明。曰く、営利一辺倒。そしてそれが今日の惨状をもたらした原因なのだとして、「モノより心を」と歌い上げるところもそっくりだ。彼らが見る「戦後」は、利益のためにプライドを忘れ、へこへこ外に頭を下げてきた倫理なき姿ということになるらしい。それを罵倒するとどめの言葉が「商人国家」である。替わって持ち出されるのが、そう！「武士道」というわけだ。

もう一度言おう。戦後の日本人は、一人も殺さず、一片の領土も奪わず、ただ世界中で頭を下げて、世界のお役に立つことで、焼け野原から今日の豊かさを築いたのだ。力を頼りにヒト様に優越しようとすることを固くいましめ、ただ世界中でヒト様のくらしを少しでもよくすることだけを考え、そうすれば必ず報われると信じてがんばってきた。そしてその通りに成功したのだ。これこそが「商人」である。**「商人国家」で何が悪い。**誇らしいことではないのか。

今日のナショナリスト達は、かつての日本軍国主義の犯罪を指摘すると「自虐史観」だと言う。

しかし戦後日本人の姿勢を「商人国家」と自嘲してバカにすることは「自虐」ではないのか。過去の侵略を開き直り諸国民の憎悪を集めることが「日本人の誇り」なのか。世界中の人々のくらしの向上に役立った過去こそ「誇り」なのではないのか。小林よしのりは日本の戦争を賛美することで祖父達の青春を守ると言っているが、そんな彼らが踏みにじろうとしているのが我が親達の人生ではないのか。――教科書に墨を塗って再出発を決意し、空腹を抱えながら、少しでも豊かになる明日を信じて懸命に働いてきた我が親達の汗まみれの人生ではないのか。

現実を直視すれば、会社共同体も企業集団も国民経済のまとまりも、日に日に崩れているのだ。そして世界も日本も、開放個人主義原理たる市場経済システムにおおわれている。ここで必要なのは身内集団倫理でこれを抑え込もうとするドン・キホーテ的試みではない。それは戦前の悲劇的選択の茶番的二番煎じである。必要なのは、開放個人主義原理が全面化する時代にふさわしい倫理を持つことである。それこそ、石田梅岩や近江商人が唱え、戦後民主主義の中にもあった「商人道」にほかならない。世界の誰にでもわけへだてなく誠実に接するべし、それこそを真のアイデンティティーにすべきなのである。

今、戦争を経験した世代の人々から、よく「新たな戦前」という言葉を聞く。あの時代そっくりになってきたと言われる。そして本書では、その心配にも大いに根拠があるということを論じてきた。

戦争という最悪の不幸に苦しんで、その教訓のもとに、必死に苦労しながら、私達の規範となるべき人生を生きてきた人々。戦前戦中のような社会に戻るのではないかという危機のたびに起ち上がり、この平和で民主的な世の中を守ってくれてきた人々。力などに頼らずとも、ただ誠実にヒト様のことを思いやって努力するだけで、人間がいかに偉大なことができるかを身をもって示し、私達にこの繁栄を手渡してくれた人々。

この人達の人生の最後が、自分達の築き上げたものが元の木阿弥になる予感で終ってしまうなど、なんというやりきれない結末ではないか。私達は、すでに何人もの人にそういう人生の終り方をさせてしまっている。こんな死に方をする人をこれ以上増やし続けてもいいのか。私達は、我が親達の「戦後」を引き継ぎ、我が親達よりもさらに一層立派な「商人」になることを目指すべきではないか。まだ間に合う間に、みんなでその姿を見せて、この社会の行く末について安心させてやりたいと思っている。

あとがきにかえて

「はじめに」でも述べたように、本書は、初稿執筆以来四年の間、多くの人から有益な助言を受けることでできあがった。出版用完成原稿を藤原書店に送ったあとにも、西淳さんからコメントのお手紙が届いた。誠にありがたいことである。

西さんからは、本書の記述と同様の議論が見られる文献として、ロバート・ベラーの『徳川時代の宗教』や森嶋通夫の晩年のエッセー本のいくつかをご紹介いただいたので、早速取り寄せて読んでみた。

まずもって、ベラーの『徳川時代の宗教』（岩波文庫）には衝撃を受けた。本書第2部で取り上げたテーマが、内藤莞爾や宮本又次の研究への言及も含め、石田梅岩も、真宗と近江商人の関係も、商家の家訓も、すべて論じられている。本書で取り上げたこれらの江戸期の思想の特徴の多くが、すでにこの本によって指摘されてしまっている。専門違いとはいえ、このような基本文献に気づかなかった不勉強を恥じるほかない。

ただし本書と異なり、ベラーは武士道と商人道に違いがあることは認めるものの、両者を系列立てて区別しているわけではない。彼は、神仏儒教から武士道、国学、商人道、二宮尊徳、石田梅岩などに至るまで、江戸期の宗教や倫理思想を幅広く検討し、その全体を、目的遂行に価値をおく「特殊主義」的な価値体系だとまとめている。「特殊主義」というのは、自分のおかれた特定の集団に価値をおくことであり、筆者が本書で述べてきた「身内集団倫理」にあたる。ベラーはこれらの教義のあいだに、世俗での勤労や倹約がそのまま宗教的意義を持つという特徴をみいだし、それが明治以後の日本の産業化をもたらしたのだと見ている。と同時に、この価値体系の中に、先の戦争をもたらした原因も見ている。

もっとも、ベラーも、浄土真宗については、「西欧のプロテスタンティズムに最もよく似ている」として、その「普遍主義」的性格を指摘し、近江商人道への影響を論じている。また、石田梅岩思想等々についても、個々の論点では、やはり「普遍主義」的性格を指摘しているところが少なからずある。しかしすぐさま、近江商人も「イエ」重視に見られる通り他の同時代の道徳観から影響を受けているし、石田梅岩も身分の貴賤を絶対視し所属集団への忠誠に中心価値を置いている、等々ということを強調している。だから、本書で論じたような、後年の石門心学の「変質」などは認めていない。もともとから保守的だったと言うのである。基本的には、江戸期の倫理思想全体が、「特殊主義」的価値体系を超え出るものではなく、本書の「開放個人主義倫理」にあたる「普遍主義」的価値体系とは、異なるものだとみなされている。

だが、イエスもユダヤ教と異なる教義を唱えている自覚はなかっただろう。どのような革新的思想も無からできるわけではなく、既存のものを材料にするほかない。その中で、どの点に環境に合わせた変容が見られるかが重要なのである。たとえて言えば、魚竜の爬虫類としての性格を強調するよりは、海棲の環境に合わせてイルカと共通する進化を遂げていることに着目する方が、生態学的には重要なのである。

ベラーによれば、伊勢神宮にしても遅くとも十三世紀には祈願や供物を受け付けなくなっていたそうであるが、愚見の及ぶ限り、死後の救済まで人為で影響できなくなるほど、神仏を普遍的なものとしたのは、近江真宗と石田梅岩の他にないように思う。もともと、盤石な幕藩体制と日本式儒教文化の中で、イエや忠孝の観念なり既存政治秩序なりを疑うような思想が、世に影響できるほど生き残れるはずがない。それは当然前提した上で、それでもなおかつ武士道型倫理と異質な本質が作られたかどうかが問題なのである。

筆者は本書で大塚久雄や丸山真男らの近代主義者の「復権」を呼びかけたのだが、西さんは、大塚が江戸時代の商人道を、プロテスタンティズム以前的なものとして低く評価していることを指摘して下さった。筆者は大塚に関しては不勉強なのだが、丸山真男については、本書につながる最初の原稿において、彼の江戸時代の商人への評価が極めて低かったことに触れていた（河上肇賞応募原稿段階で削ってしまった）。ベラーの本の序文でも、彼の江戸思想への「楽天主義的」解釈に丸山がいらだったらしいことが述べられている。筆者は、こうした丸山らの態度に、反市場的であることが進歩的であった時代の反映を見る。丸山らにしても、ベラーにしても、市場的なりわいのどこに近代的市民社会につながる「キモ」の部分があるか、当時はまだよくそれが自覚されていなかったのだと思う。

それから、森嶋通夫の晩年の一連のエッセーでは、高田保馬の人口史観を援用して、各々異なる教育を受けた世代間の勢力の交代から社会の変遷を論じているのだが、戦前については、日露戦争頃にターニングポイントを見ている。筆者が本書で、明治以前の商人道教育を知る世代と学校修身教育で育った世代との交代から、同じ時期にターニングポイントを設定していることと通じていると思う。

なお、森嶋がしばしば記している、幕末下関戦争のときのエピソードは興味深かった。付近の民衆が、長州兵も米英仏蘭連合軍兵も、負傷者を等しく手当てしたという。本書であげた幕末期の民衆の普遍主義的態度の一例に加わるものだろう。これをネットで確認しようとしたが、ナショナリストたちは、連合軍の死者数の方が長州側死者数より多かったなどということばかり得々とあげていて、このエピソードに触れたものはトンと見つけることができなかった。

ところで、出版用完成原稿を送ったあとで、長幸男『石橋湛山の経済思想――日本経済思想史研究の視角』(東洋経済新報社)が出版されたので読んでみた。石橋湛山については、田中秀臣さんはじめ、推奨する声をたびたび目にしていたのに、これまで不勉強だったことの不明を恥じた。是非本文中で触れておくべき人物であった。

戦前、湛山が明快な計算の上唱えた大陸撤退・植民地放棄論、国際協調・貿易路線は、「商人道」型世界観からの「武士道」型世界観への対抗そのものである。軍部をはじめとする当時の主流の世界観は、世界を「ウチ」と「ソト」に分けて、「ウチ」の安全と利益のためには「ソト」から取ってこなければならないとする「武士道」型発想であった。それに対して湛山には、交易をすれば当事者みんなの利益になるという発想が終始貫いていた。言うまでもなく、これは「商人道」の世界観にほかならない。

戦後、湛山は自由党の政治家になり、保守合同後、自民党最初の総裁選で七票差で岸信介を破って総理総裁になるが、在任二か月で病に倒れ退陣。後任の岸内閣のもとで、筆者が本文中に触れた六〇年安保闘争が起こる。この結果岸は退陣に追い込まれるが、このとき湛山は岸に引導を渡す役割を果たしている。

本書の本文では、戦後革新陣営が「商人道」側大衆に引き寄せられ、他方の戦前復古志向の強い「武士道」側の岸内閣と対決したのが六〇年安保闘争だったと総括した。しかし、保守陣営内部にも「商人道」側勢力が強く存在し、「武士道」側との対抗劇を演じてきたのである。湛山の軌跡に着目することでこのことがわかった。

以上、あとがきにかえて書き連ねたことからもわかるように、本書の研究がカバーする領域は広大で、経済史も経済思想史も政治史も門外漢である筆者の手にあまるところが多々ある。まさに森嶋の言う「交響楽的学問」と言えよう。第一章が最も筆者の専門に近いと言えるが、それでも社会学や社会心理学については専門外である。

しかし、金融危機にもかかわらず、これからも否応なく市場化とグローバル化は進行するだろう。それにふさわしい倫理体系が何かを明らかにすることは、人類にとって重大な課題として解決を迫られるに違いない。一理論経済学徒がつたない手を専門外のことに広げて書いた本書は、その大課題に応えるためには、あまりにもラフな第一次接近にすぎない。

願わくば、本書を受けて、今後、哲学、倫理学、ゲーム理論、実験経済学、社会心理学、シミュレーション分析、社会調査、各種歴史分野、各国比較などのそれぞれの専門家たちの手によって、この問題の総合的な研究が興ったらいいと思っている。そうなったら、もはや筆者のような無才の徒には出番はないだろうが。

松尾　匡

二〇〇九年五月

(19) 小熊前掲書，p.495。
(20) 同上書，p.456。ダワー前掲書，下巻，p.370。
(21) 間は，「エートス」という言葉を，行為規範そのものではなく，倫理的価値の実践に向けて人を内面から突き動かす，行為の原動力，という意味に使っている。

第9章

(1) 天谷直弘『日本町人国家論』. ＰＨＰ文庫，1989，pp.133-136。
(2) 同上書，p.50-51。
(3) 同上書，p.48。
(4) 同上書，p.52-53。
(5) 拙著『近代の復権――マルクスの近代観から見た現代資本主義とアソシエーション』晃洋書房，2001。
(6) 前掲書，創成社，2005。
(7) 創成社，2005。おなじシリーズの，伊佐淳，西川芳昭，松尾匡編『市民参加のまちづくり　コミュニティ・ビジネス編』創成社，2007，第9章の拙稿も参照のこと。
(8) 山岸前掲『心でっかちな日本人』pp.248-257。
(9) なおこの状況は，政策的には，労働所得に関して事業所ごと収入源ごとに強度な累進課税をかけることにして，所得を総合した課税をしないことにすれば促進される。徴税コストが今より減ることになるし，ワークシェアリングを推進する効果もある。
(10) もちろん，個々人の現場の取り組みがよりよい社会環境でできるように，政治が条件を整えることはできる。

(45) なお，1848年のドイツ三月革命は失敗したと言われていたが，貢納制が廃止されるなど，今日では近代化の画期と考えられるようになってきている。もしこれを出発点にとるならば，図表7‐4はドイツにも当てはまることになる。
(46) 元は新聞の特集記事で，1997年から1998年にかけて三冊シリーズで出されている。
(47) 朝日新聞社。
(48) 堀前掲書，pp.142-143に紹介されているものの松尾による要約。

第8章

(1) 後年総力戦体制下で，主人家族と丁稚，手代，番頭らからなる商家の同胞団は，戦時統制経済の企業整備のため解体され，使用人は徴用工や兵役で四散してしまった。岩井忠熊「現代道徳論の前提――日本近代史の経験から」日本科学者会議編『道徳を問い直す』水曜社，2003，p.207。ここに，商人道の基盤はとどめをさされたと言えよう。
(2) 柳内伸作『[世界史] 世にも残酷な話』日本文芸社，1995，p.92-93。柳内は自衛隊の戦史教官だった人物である。
(3) 間宏前掲書，pp.67-68。
(4) ダワー前掲書，下巻，p.116。
(5) 国会の審議で社会党は，憲法に生存権規定や，労働の権利と義務，労働条件を法律で規制する規定などを入れさせることに成功した（同上書，p.158）が，生活保障規定は不首尾に終り，私有財産権の適切な制限を盛り込むことに失敗したため，新憲法に満足したわけではなかった（小熊前掲書, p.166)。分裂期にも左右両派とも憲法に批判的だった(同上書, p.490)。
(6) 小熊前掲書，pp.167-169, p.466。
(7) 同上書，pp.359-366, p.399。
(8) 同上書，p.392。
(9) 同上書，pp.466-471。
(10) 同上書，pp.489-490。
(11) 同上書，pp.492-493。
(12) 同上書，pp.493-494。
(13) 大嶽秀夫『日本政治の対立軸』中央公論新社，1999，p.6。
(14) 同上書，pp.8-9。
(15) 間前掲書，pp.52-53。
(16) 大嶽前掲書，pp.4-5。
(17) 同上書，p.5。
(18) 詳しくは小熊前掲書，第12章。

（22）半藤前掲書，p.144-146。読売新聞前掲書，p.41。
（23）東洋経済新報社，1995 年。
（24）野口同上書，pp.9-10，pp.44-46。以下の記述は，同書第 2 章，第 3 章による。
（25）同上書，pp.45-46，p.50。
（26）岡崎哲二「日本型経済システム／第 2 次大戦期に原型：旧ソ連模して設計」『日本経済新聞』1992 年 4 月 2 日「経済教室」。
（27）野口前掲書，pp.51-53。
（28）廣松渉『〈近代の超克〉論』（『廣松渉著作集』第 14 巻に所収）で検討されている。
（29）半藤前掲書，pp.314-315。
（30）同上書，p.196。最初の案は，強姦，放火，略奪などを禁止するための直接の表現がとられていたが，戦場でこれが敵に入手された場合の不都合を考えて，抽象的な表現に変えられてしまった。吉田，森前掲書，p.249。
（31）岸田秀前掲書，pp.22-24。
（32）小熊前掲書，p.32。
（33）吉田，森前掲書，p.260。
（34）読売新聞前掲『検証戦争責任Ⅰ』，p.145。
（35）読売新聞戦争責任検証委員会『検証戦争責任Ⅱ』中央公論新社，2006，p.142。
（36）『葉隠』は戦時中ずいぶんと持ち上げられたが，同書では，赤穂浪士が討ち入りまで時間をおきすぎたと批判されている。あだ討ちの成功不成功を計算してはならない，失敗してもいいからすぐに討ち入るべきだったというわけだ。前掲訳 pp.79-80。保阪正康は，「カタルシス」（自己陶酔）の戦いと言っている。『昭和史の教訓』朝日新聞社，2007，pp.232-233。
（37）以下この項の記述は小熊前掲書，p.61-43 による。
（38）吉田，森前掲書，p.232。
（39）この段落は，半藤前掲書，pp.418-421 による。
（40）保阪前掲書，pp.198-206。ジョン・ダワー『敗北を抱きしめて（増補版）』上巻，岩波書店，2004，pp.124-129。保阪によれば，日本軍占領地の有力者の財宝を軍が寄付の名目で徴用しているのだが，それらも現地に返されることなく私物化されて闇に消えた。
（41）ダワー前掲書，下巻，pp.4-5。
（42）同上書，第 12 章，第 13 章。
（43）同上書，第 14 章。
（44）碓井敏正，大西広編著『ポスト戦後体制への政治経済学』大月書店，2001，p.201。前掲拙著『はるかさんとラピート君の入門今どきの経済』p.117。

(2) 管賀江留郎『戦前の少年犯罪』築地書館，2007，巻末 p.12-13。同書のリストはもっと大量のケースの中から選抜されたものなので，さらに詳しくは，管賀の主宰サイト「少年犯罪データベース」(http://kangaeru.s59.xrea.com/)，およびそこからリンクされているブログも参照のこと。

(3) 同上書，には収録されてないが，上記サイトでは，昭和 10 年には，東郷元帥の 17 歳になる孫娘が家出してカフェーの女給をしていた事件が報道されている。ちなみに当時のカフェーの女給は現代で言うホステスの役割を果たしており，女給は多くの場合無給で，もっぱら客が支払うチップが収入であった。

(4) 前掲サイト「誰か昭和を思わざる」でも，サイト編集人は当時の少年による殺人事件を報じた新聞報道を調べて，「新聞の扱いも通常の殺人と同じ扱いで，検証も続報も何もなく，特に問題にもなりませんでした」と評している。

(5) 以下，ファシズム運動と体制の反資本主義的性格については，詳しくは，拙稿「反資本主義の保守反動と脱国家の左翼」『政経研究』第 70 号，財団法人政治経済研究所，1998。

(6) 堀真清「西田税と北一輝——1927 年の天剣党事件を中心に」浅沼・河原・柴田編『比較ファシズム研究』成文堂, 1982, 第一章第四節。丸山真男「日本ファシズムの思想と運動」『現代政治の思想と行動』上巻，未来社，1956，第一部二。

(7) 掘前掲書，pp.144-146。

(8) 丸山前掲書，pp.38-39。

(9) 同上書，pp.43-44。

(10) 竹山護夫「日本ファシズムの文化史的背景」(前掲『比較ファシズム研究』第三章第二節)。

(11) 丸山前掲書，pp.36-37。

(12) 同上書，p.44。

(13) 竹山前掲論文。

(14) 同上書，pp.344-347。

(15) 丸山前掲書，p.32。

(16) 以下本項の基本叙述は保阪前掲書，第 1 話 pp.13-38 による。

(17) 半藤前掲書，p.137 より孫引き。国体明徴運動については同書による。

(18) 掘前掲書，p.143。

(19) 保阪前掲書，p.34。

(20) 読売新聞戦争責任検証委員会『検証戦争責任 I 』中央公論新社, 2006, p.40。

(21) 刈田徹「天皇制国家のファッショ的再編成」(前掲『比較ファシズム研究』第二章第三節)，p.237。

京戦史』の結論の紹介による。
(5) 読売新聞戦争責任検証委員会の採用した数字は秦郁彦説の4万人である。『戦争責任 II』中央公論新社，2006，pp.37-38。
(6) 半藤前掲書，pp.228-235。
(7) 保阪前掲書，pp.92-93。
(8) 半藤前掲書，pp.380-384。もっとも，正確には交渉打ち切り通告であり，もともとはっきりとした武力行使通告ではなかった。吉田，森前掲書，pp.52-55。
(9) 同上書, pp.426-432。小熊英二『〈民主〉と〈愛国〉——戦後日本のナショナリズムと公共性』新曜社，2002，p.31-32。読売新聞戦争責任検証委員会『検証戦争責任 I』中央公論新社，2006，pp.136-137。
(10) 幻冬舎。
(11) 例えば，上杉聰編著『脱戦争論』東方出版，2000。また，次のサイトに事実検証のリンク集が載っている。「古書の店 gallery」の「日記帳・過去ログ 2003 年 7-9 月」http://www.chukai.ne.jp/~gallery/diary2003c.html
(12) 小林よしのり『ゴーマニズム宣言』第2巻，扶桑社，1993，第53章，第61章。
(13) 同上書，第8巻，1995，第142章。
(14) 小林よしのり『新ゴーマニズム宣言』第4巻，小学館，1998，第45章。
(15) 同上書，第1巻，1996，p.10。
(16) 小林『ゴーマニズム宣言』第4巻，1994，pp.20-21。
(17) 小林『新ゴーマニズム宣言』第1巻，p.135, p.189。
(18) 同上書，第14章。
(19) 同上書，第3巻，1997，p.27。
(20) 同上書，第2巻，1997，p.9。
(21) 同上書，第1巻，p.121, p.126。
(22) 上杉聰『脱ゴーマニズム宣言』東方出版，1997。特に p.82, p.95。
(23) 小林前掲書，第1巻，pp.63-64。第2巻，第5話。
(24) 小林『ゴーマニズム宣言』第8巻，1995，pp.47-48。
(25) 小林『戦争論』pp.94-96。同じ論点は小林『新ゴーマニズム宣言』第6巻，1999，p.172。
(26) 同上書，p.346。
(27) 小林『ゴーマニズム宣言』第7巻，1995。
(28) 小林『新ゴーマニズム宣言』第3巻，pp.58-59。

第 7 章

(1) 中村宗悦『経済失政はなぜ繰り返すのか』東洋経済新報社，2005。

(57) 吉田前掲書，pp.67-70。四百人近くにおよぶ乗組員一同はこれを誓約したのちに，はじめて乗船を許されたそうである。同書 p.66。
(58) 松尾匡，西川芳明，伊佐淳編著『市民参加のまちづくり [戦略編]――参加とリーダーシップ・自立とパートナーシップ』創成社，第 9 章。
(59)『産業経済研究』第 49 巻第 1 号（久留米大学産業経済研究会, 2008 年）に内容報告がある。また，http://www.mii.kurume-u.ac.jp/sanken/matidukuri/sansuke/OsakaSymp0.html でも読むことができる。
(60)「萬民徳用」『日本古典文学大系 83　假名法話集』岩波書店, 1964, p.263, p.267。
(61) 同上書，p.267。
(62) 同上書，p.273。
(63) 同上書，p.274。
(64) 同上書，p.275-276。
(65) 同上書，p.277。
(66) 同上書，p.278。
(67) 神谷満雄『鈴木正三――現代に生きる勤勉と禁欲の精神』東洋経済新報社，1995，pp.197-200。
(68) 同上書，p.89-90。
(69) 同上書，p.224。
(70) 同上書，p.223。
(71) 同上書，p.90。
(72) 同上書，p.258。
(73) 同上書，p.255。
(74) 同上書，pp.252-256。

第 6 章

(1) 岸田秀『ものぐさ精神分析』中央公論社，1982,「日本近代を精神分析する」。
(2) 神一行『警察官僚』角川書店，2000，pp.75-77。
(3) 1940 年の支那派遣軍総指令部から出された「派遣軍将校に告ぐ」でも，日本兵による略奪暴行が恨みをかって戦争遂行を困難にしていると戒めている。岩井忠熊「現代道徳論の前提――日本近代史の経験から」日本科学者会議編『道徳を問い直す』水曜社，2003，p.196。しかしもともと補給軽視は今日誰もが認める旧日本軍の欠陥である。補給もろくにせずに物資不足で現地自活に追い込んでおいて，略奪するなと言っても本気さが疑われる。吉田，森前掲『アジア・太平洋戦争』p.210。
(4) 半藤一利『昭和史 1926-1945』平凡社，2004，p.194 での，偕行社『南

（31）同上書，p.83。
（32）同上書，p.54。
（33）同上書，p.84-85。
（34）西淳「アジアの近代化とその精神——青山秀夫における東亜近代化論とエートスの問題」『阪南論集 社会科学編』第42巻第2号（阪南大学学会，2007，p.119。
（35）青山秀夫「ナショナリズムの処理」清水幾太郎編『日本の思想』河出書房，1951。一応目を通し，西の主張はおおむね確認している。
（36）網野善彦『日本の歴史第00巻「日本」とは何か』講談社，2000，p.14。
（37）小林洋美，幸島司郎「コミュニケーション装置としてのヒトの目の進化」『電子情報通信学会誌』Vol.82 No.6, pp.601-603。正確に言うと，ヒト以外の大型地上類人猿には白目にあたる部分はあるが，目立たぬよう着色されている。なお，この話を最初に聞いたのは，NHKスペシャル「地球大進化46億年人類の旅」（2004年9月25日放送）だった。
（38）ブライアン・サイクス著『イヴの七人の娘たち』大野晶子訳，ソニー・マガジンズ，2001，pp.347-348。
（39）網野善彦『日本社会の歴史（上）』岩波新書，1997，pp.11-12。
（40）同上書，p.17。
（41）松下孝幸『シャレコウベが語る』長崎新聞新書，2001，第3章。
（42）網野前掲『「日本」とは何か』p.41。
（43）松下前掲書，第1章，第2章。
（44）網野前掲書，。
（45）同上書，p.256。
（46）同上書，pp.111-113。
（47）安達達朗前掲『大学への日本史』p.223。
（48）南米まで交易に行っていた。網野前掲書，pp.69-72。
（49）『葉隠』など，最後の戦である島原の乱が終って七十数年もたってできた本である。当然この作者は戦の経験など全くない。
（50）末永前掲書，p.144。
（51）童門前掲書，p.20。
（52）末永前掲書，p.145。
（53）宣長は商家の出身であるが，とても商売に向かないことを自覚して町医者を目指した。
（54）黒住真『複数性の日本思想』ぺりかん社，2006，p.327。
（55）『ナショナリズム』紀伊国屋書店，2005。西前掲論文で知った。
（56）喜多方は自由民権運動の舞台にもなり，今日でも民間主導のまちづくりの成功例として知られている。

(3) 同上書，p.110。
(4) 同上書，p.114。
(5) 同上書，p.182。
(6) 同上書，p.51。
(7) 同上書，p.21。
(8) 吉田豊編訳前掲『商家の家訓』p.168。筆者が書き下し文に改めた。
(9) 荒田前掲書，p.200。
(10) 同上書，p.220。
(11) 吉田前掲書，p.155。同書には名古屋の水口屋の家訓の例も見られる。p.195。
(12)「独慎俗話」と言う。吉田前掲書，pp.345-353。またこのテキストでも，少額の顧客でも自分の命をつないでいる恩人と心得て，差別せず丁寧に扱えと戒めている。pp.357-360。
(13) 荒田前掲書，p.38。
(14) 宮本前掲論文（宮本編前掲書），pp.75。
(15) 吉田前掲書，p.137。
(16) 宮本前掲論文（宮本編前掲書），pp.75-76。
(17) 童門冬二『江戸商人が守り抜いた 商いの原点』青春出版社，2006，p.76。
(18) 吉田前掲書，p.212。
(19) 童門前掲書，pp.120-122。
(20) 荒田前掲書，p.63。
(21)京の呉服屋千切屋吉右衛門家の家訓には当主解任規定がある。上村雅洋，宮本又次「経営組織と経営管理」（安岡，天野編前掲書），p.140。大坂の薬店若狭屋の家訓にも当主解任規定があり，当主選出も自動相続ではなくて「家中相談」によることになっている。吉田前掲書，pp.178-179。
(22) ガーンズ，B.「長者の山――近世的経営の日欧比較」（国際日本文化研究センター）http://www.nichibun.ac.jp/graphicversion/dbase/forum/text/fn136.html
(23) 荒田前掲書，p.69。
(24) 同上書，p.74。
(25) 同上書，p.70。
(26) 同上書，p.28。家訓上の規定は，吉田前掲書，p.78，p.85。
(27) 同上書，p.19。
(28) 同上書，p.50，p.53。安岡，瀬岡，藤田前掲論文（安岡，天野編前掲書）p.244。
(29) 荒田前掲書，p.52。
(30) 同上書，p.196。

(50) 末永前掲書，pp.89-90。
(51) 上村前掲論文（安藤，藤田前掲書），p.281。
(52) 末永前掲書，p.90, p.94。
(53) 大阪商人の場合，血縁相続される財産共同体と企業経営とを分離し，実質的経営権を持つ「代判人」を置くケースが実に多かった。宮本前掲論文（宮本編前掲書），p.26。それに対して，近江商人の場合は，本家主人が最終的意思決定権を持ち続けた。上村前掲論文(安藤, 藤田前掲書), p.270。そのため，主人そのものの能力を維持する必要があったと思われる。
(54) 荒田前掲書，p.250。阿部，伊藤の例は小倉前掲『経営』p.110より。豊田佐吉の娘婿三郎の例もあげられている。
(55) 同上書，p.251。宮本前掲書，p.237。
(56) 荒田前掲書，p.253。
(57) 宮本前掲書，p.236-237。
(58) 同上書，p.236。
(59) 上村前掲論文（安藤，藤田前掲書），pp.271-272。
(60) 同上論文p.280。同論文によれば，これは「三ツ割制度」と呼ばれるものの一種で，市田家でも見られた。「三ツ割制度」一般については小倉前掲『理念』pp.87-88を参照のこと。
(61) 末永前掲書，p.58。
(62) 同上書，p.98-100。
(63) 同上書，p.111-112。
(64) 吉田前掲書，p.183。
(65) 小倉前掲『経営』p.90。
(66) 同上書，p.91。
(67) 詳しくは，吉井茂人「長浜のまちづくりと景観形成」，西川芳昭，伊佐淳，松尾匡編『市民参加のまちづくり　事例編――ＮＰＯ・市民・自治体の取り組みから』創成社，2005，第8章を参照のこと。また，筆者達のまちづくり研究のホームページの中の「長浜のまちづくり視察」(「三助のまちづくりのページ」)http://www.mii.kurume-u.ac.jp/sanken/matidukuri/sansuke/travel03.html も参照のこと。
(68) 角谷嘉則「株式会社黒壁の設立と経済倫理」『政策科学』第12巻1号（立命館大学），2004年，pp.59-69。角谷嘉則『株式会社黒壁の起源とまちづくりの精神』創成社，2009年。

第5章

(1) 荒田前掲書，p.44。
(2) 同上書，p.51

(19) 同上書，p.68。
(20) 同上書，pp.38-39。
(21) 同上書，p.36，pp.55-56。
(22) 同上書，p.26。
(23) 荒田弘司『江戸商家の家訓に学ぶ 商いの原典』すばる舎，2006，pp.228-229。
(24) 末永前掲書，pp.13-14。
(25) 荒田前掲書，p.129。
(26) 内藤前掲書，pp.62-63。
(27) 小倉前掲『理念』p.41。なお，この言葉は二代目中井源左衛門のものであるが，この前に相場をはってもうけることを戒め，他人の損の裏で得た利益は真の利益ではなくて，すぐなくなってしまうものだと言っている。荒田前掲書，p.243。
(28) 小倉前掲『理念』p.41。
(29) 末永前掲書，p.68。
(30) 同上書，p.54。
(31) 同上書，p.55-56。
(32) 小倉前掲『理念』p.36。
(33) 上村前掲論文（安藤，藤田前掲書），pp.281-282。
(34) 小倉前掲『理念』p.57。
(35) 内藤前掲書，p.23。
(36) 荒田前掲書，p.233-234。
(37) 吉田豊編訳『商家の家訓』徳間書店，1973，pp.184-186。
(38) 同上書，p.341。
(39) 内藤前掲書，pp.19-21。
(40) 同上書，p.21。
(41) 同上書，p.26。
(42) 末永前掲書，p.74。
(43) 例えば，松居久左衛門が座右の銘にして肖像画に書いた。小倉前掲『理念』pp.62-63。
(44) 宮本前掲『近世商人意識の研究』p.225-226。
(45) いずれも『大辞泉』より。
(46) 小倉前掲『理念』pp.75-76。
(47) 吉田前掲書，p.332。「陰徳あれば陽報あり」というのは，漢代の「准南子」より。小倉前掲『理念』p.75。
(48) 宮本前掲書，pp.225-226。
(49) 上村前掲論文（安藤，藤田前掲書），p.281。

(43) 平田前掲書，p.32-33。
(44)「経営理念の近世的特色」（安岡重明，天野雅敏編『近世的経営の展開 日本経営史１』岩波書店，1995），pp.255-256。

第４章

(1) 小倉榮一郎『近江商人の経営』（以下『経営』）サンブライト出版，1988, pp.249-286には1979年当時の企業リストがある。トヨタの創業者豊田佐吉も滋賀県彦根出身である。
(2) 中井源左衛門家の「店卸記」がこの年採用されており，小倉榮一郎によって精緻に研究されている。簡単な解説は，小倉同上書，pp.72-80。原型は，近江商人ではないが，鴻池家や三井家ですでに見られる。宮本又次「[総論]江戸時代の企業者活動」（宮本又次編『江戸時代の企業者活動 日本経営史講座１』日本経済新聞社，1977)。近江商人の西川家はもっと早くから複式簿記を用いていたとの説もある。西川登「会計組織と簿記技法」安岡，天野編前掲書，p.222。
(3) 上村雅洋「近江商人の経営システム」（安藤精一，藤田貞一郎編『市場と経営の歴史』清文堂，1996)pp. 268-269。今日の研究ではほとんどの店が合資形態だったと言う。小倉榮一郎『近江商人の理念』（以下『理念』）サンライズ出版，2003，p.91。
(4) 上村前掲論文，pp.278-279。
(5) このようなキャリアばかりでなく，時代が下ってからも，個人行商から商業界に入る人も多かった。
(6) 末永國紀『近江商人学入門――ＣＳＲの源流「三方よし」』サンライズ出版，2004，pp.126-128。
(7) 上村前掲論文（安藤，藤田編前掲書)pp.272-273では，外村家，中井家，西川家，小林家の家訓の当主解任規定が挙げられている。
(8) 末永前掲書，pp.95-97。
(9) 講談社，文庫版2006。
(10)『日本の宗教と社会』御茶の水書房，1978年，第１章。
(11) 同上書，p.33。
(12) 同上書，p.32。
(13) 同上書，p.33。
(14) 小倉前掲『経営』p.52。
(15) 同上書，pp.48-49。
(16) 内藤前掲書，p.34。
(17) 同上書，p.35。
(18) 同上書，pp.48-49。

安藤達朗『大学への日本史』研文書院，1973を参照した。
(9) 加藤編集前掲書，pp.221-222。
(10) 同上書，pp.226-227。
(11) 同上書，p.227。
(12) 同上書，p.225。
(13) 同上書，p.362。括弧内は松尾の解説。
(14) 同上書，p.230。原文は平田雅彦『企業倫理とは何か』ＰＨＰ研究所，2005，p.89より。
(15) 加藤編集前掲書，p.226。原文は同書p.38より。
(16) 同上書，p.224-225。
(17) 同上書，p.231。
(18) 同上書，p.297。
(19) 石田梅岩「斉家論」下，柴田実編『日本思想体系42　石門心學』岩波書店，1971，p.28。
(20) 加藤編集前掲書，pp.228-229。
(21) 同上書，p.205。
(22) 同上書，p.298-299。平田前掲書，第9章も参照。
(23) 加藤編集前掲書，pp.270-271。
(24) 平田前掲書，p.134，p.141。
(25) 柴田編前掲書，p.27。
(26) 平田前掲書，pp.136-140。
(27) 加藤編集前掲書，pp.266-277。
(28) 同上書，p.277。
(29) 同上書，p.271。
(30) 同上書，p.231。
(31) 同上書，p.196。
(32) 同上書，p.289。
(33) 同上書，p.267。
(34) 同上書，p.215。
(35) 同上書，p.185。
(36) 同上書，p.279。
(37) 同上書，p.222。
(38) 同上書，p.251，p.210。
(39) 平田前掲書，p.193-194。
(40) 同上書，p.194-195。
(41) 有斐閣，1941。
(42) 同上書，pp.163-164。

（2）吉田裕，森茂樹『戦争の日本史 23 アジア・太平洋戦争』吉川弘文館，2007，p.250。
（3）ベネディクト前掲『菊と刀』pp.58-59。
（4）保阪前掲書，p.169。
（5）袖井林二郎『拝啓マッカーサー元帥様——占領下の日本人の手紙』岩波現代文庫，2002。
（6）生田あい「内ゲバ——その構造的暴力と女性・子ども」『検証内ゲバ——日本社会運動史の負の教訓』社会批評社，2001，第 2 章，p.119-120。
（7）boro 前掲サイト「無限回廊」より「連合赤軍あさま山荘事件」を参照。
（8）佐藤前掲書，pp.65-66。
（9）管賀前掲書，pp.222-223。なお，同書 220 ページによれば，昭和 10 年の 10 代の自殺率は 2005 年の三倍，20 代前半の自殺率は二倍以上あった。
（10）正高信男『ケータイを持ったサル』中央公論新社，2004。
（11）『日本経済新聞』2003 年 12 月 27 日 11 面「2003 ニュースの軌跡 5」
（12）筑摩書房，2008 年。
（13）同上書，p.9。
（14）同上書，p.24。
（15）同上書，p.155。VIPE 社の中学生と高校生を対象にした 2007 年の調査より。
（16）同上書，p.175。ネットスター社の中学生を対象にした 2007 年の調査より。
（17）同上書，p.200。
（18）同上書，p.17。
（19）同上書，pp.49-50。

第 3 章

（1）加藤周一責任編集『中公バックス日本の名著 18　富永仲基　石田梅岩』中央公論社，1984 所収の石田梅岩著「都鄙問答」と「石田先生語録」。以下，同二著からの引用やページ数は原則ここのもの。
（2）奈良本辰也責任編集『日本の名著 17　葉隠』中央公論社，1969，p.53。
（3）同上書，p.56。
（4）同上書，pp.362-363。
（5）同上書，p.92。
（6）同上書，pp.87-89。
（7）同上書，p.98。
（8）以下，この部分の記述は主に速水融『日本における経済社会の展開』慶応通信，1973，鈴木浩三『江戸の経済システム』日本経済新聞社，1995，

(24) *ibid.* pp.1373-1375.
(25) 安田雪「弱い紐帯の弱さ――スモールワールドの連鎖をとめるのは何か」東京大学COEものづくり経営研究センター MMER Discussion Paper No. 158, 2007.
(26) 伊藤元重『市場主義』講談社，1996。
(27)「二次的ジレンマ」と言う。山岸俊男『社会的ジレンマ』ＰＨＰ研究所，2000，pp.98-99。
(28) T. R. Beard, R. O. Beil, Jr., 又賀喜治, "Cultural Determinants of Economic Success: Trust and Cooperation in the U.S. & Japan", 1998. 日本経済学会1998年度秋季大会（於, 立命館大学）報告。このような行動は「スパイト行動」と呼ばれる。
(29) Saijo, T., T. Yamato, K. Yokotani, T. N. Cason, "Voluntary Participation in Public Good Provision Experiments: Is Spitefulness a Source of Cooperation?"（revised version of "Emergence of Cooperation" with more data）1997; Revised, 1998,（http:// www.iser.osaka-u.ac.jp/~saijo/researches-e.html).『経済セミナー』1997年11月号，pp.42-47に紹介がある。
(30) Ito, M., T. Saijo, and M. Une, "The Tragedy of the Commons Revisited: Identifying BehavioralPrinciples," *Journal of Economic Behavior and Organization* 28,（3), 1995
(31) 佐藤直樹『世間の目――なぜ渡る世間は「鬼ばかり」なのか』光文社，2004，第10章。
(32) 山岸前掲『心でっかちな日本人』pp.18-23。
(33) 佐藤前掲書，pp.36-41。
(34) ベネディクト, R.『菊と刀――日本文化の型』講談社, 文庫版2005, p.174。
(35) ベネディクト前掲書，第7章。
(36) 三土修平『靖国問題の原点』日本評論社，2005，pp.144-146。
(37) ベネディクト前掲書，pp.144-145。
(38) 同上書，p.266。
(39) 土居健郎『「甘え」の構造』弘文堂，新装版2001，p.42。
(40)『文化・組織・雇用制度――日本的システムの経済分析』有斐閣，2001，第5章。『信頼と自由』勁草書房，2006，pp.57-64。
(41) 荒井自身も「米国以上に深刻になる」と言っている。荒井『文化・組織・雇用制度』p.91。
(42) パットナム前掲書，pp.164-165。

第2章

(1) 保阪正康『昭和史七つの謎』講談社文庫，2003，p.112。

人は，スキがあればあなたを利用しようとしていると思いますか，それともそんなことはないと思いますか？」という質問に対して，「そんなことはない」と答えた回答者は，アメリカ人62%，日本人53%だった。「たいていの人は，他人の役に立とうとしていると思いますか，それとも，自分のことだけに気をくばっていると思いますか」という質問に対して，「他人の役に立とうとしている」と答えた回答者は，アメリカ人47%，日本人19%だった。同書では，報酬で動機付けした実験でも同様の日米の差が観察されることを報告している。

（8）山岸『信頼の構造』pp.21-24。山岸『安心社会から信頼社会へ』pp.116-122。

（9）山岸『信頼の構造』p.25-29。山岸『安心社会から信頼社会へ』pp.123-137。

（10）これを「内集団びいき」と言う。たとえ「お返し」や「仕返し」が実際にはできなくても，同じ集団の者ならば「お返し」や「仕返し」が可能であるような錯覚が起こるのである。山岸俊男『心でっかちな日本人』日本経済新聞社，2002，pp.201-209。

（11）パットナム, R. D.『孤独なボウリング――米国コミュニティの崩壊と再生』柴内康文訳，柏書房，2006，p.357 表4。

（12）パットナム, R. D.『哲学する民主主義――伝統と改革の市民的構造』河田潤一訳，NTT出版，2001。

（13）同上書，p.176には次のようにある。「…政治的なずる賢さと社会的なコネが，この陰鬱な土地で生き延びる上で長い間欠くことができないものであった。違いは，社会的絆の有無ではなくて，その絆が相互連帯の水平的絆か，従属と搾取の垂直的絆かにかかわっているのだ。南部人…は，経済上，政治上の目的を実現すべく用いる恩顧＝庇護主義的な垂直的絆に活路を開いてきた。」

（14）パットナム『孤独なボウリング』p.156。

（15）同上書，p.159。

（16）パットナム『哲学する民主主義』p.212。

（17）同上書，p.217。

（18）同上書，p.218。

（19）パットナム『孤独なボウリング』pp.19-20。

（20）同上書，p.20。ザヴィア・ド・ソーザ・ブリッグスによる表現とされている。

（21）M. S. Granovetter, “The Strength of Weak Ties,” *American Journal of Sociology*, vol. 78, Issue 6, 1973, pp.1360-1380.

（22）*ibid.* pp.1371-1372.

（23）*ibid.* pp.1368-1369.

注

はじめに

(1) これを概観するには，次の歴史系サイトが役立つ。
「誰か昭和を思わざる――流行歌と歴史のサイト」http://www.geocities.jp/showahistory/（このサイトは原資料明記を必須として編集されている）
taro「クリック 20 世紀」http://www.c20.jp/index.html
boro「無限回廊」http://www.alpha-net.ne.jp/users2/knight9/m.htm
(2) 筆者の個人サイト内の，http://matsuo-tadasu.ptu.jp/essay_80124.html を参照。
(3) 例えば，パオロ・マッツァリーノ『反社会学講座』イースト・プレス，2004，「キレやすいのは誰だ」。
(4)拙著『はるかさんとラピート君の入門今どきの経済』晃洋書房，2001。ヤーギン，スタニスロー『市場対国家』山岡洋一訳，日本経済新聞社，1998。
(5) 現代経済学のゲーム理論を使った制度分析の用語では「制度的補完性」と言う。詳しくは，青木昌彦・奥野正寛『経済システムの比較制度分析』東京大学出版会，1996 を参照。

第 1 章

(1) 香西泰訳，日本経済新聞社，1998。
(2) 間宏『経済大国を作り上げた思想』文真堂，1996，p.227 より孫引き。
(3) 小沢亘『ボランティアの文化社会学』世界思想社，p.216-217。
(4) 山岸俊男『信頼の構造』東京大学出版会，p.106。
(5) 山岸前掲書，。山岸『安心社会から信頼社会へ』中央公論新社，1999。
(6)Greif, A., "Cultural Beliefs and the Organization of Society: A Historical and Theoretical Reflection on Collectivist and Individualist Societies," *Journal of Political Economy*, vol. 102, no. 5, 1994.
(7) 山岸『信頼の構造』p.92。山岸『安心社会から信頼社会へ』pp.26-27 では，別の同様の調査結果が報告されている。1600 人のアメリカ人と 2000 人の日本人への質問調査で，「たいていの人は信頼できると思いますか，それとも用心するにこしたことはないと思いますか？」という質問に対して，「信頼できる」と答えた回答者は，アメリカ人 47%，日本人 26%だった。「他

著者紹介

松尾 匡（まつお・ただす）
1964年石川県生まれ。1987年金沢大学経済学部卒業。1992年神戸大学大学院経済学研究科博士後期課程修了。1992～2008年久留米大学教員。2008年より立命館大学経済学部教授。専攻・理論経済学。本書の元となった論文「商人道！」で第3回河上肇賞奨励賞受賞（2007年度）。
主要著書に，『近代の復権』（晃洋書房，2001年），『市民参加のまちづくり〔戦略編〕』（共編著，創成社，2005年），『経済政策形成の研究』（共著，ナカニシヤ出版，2007年），『「はだかの王様」の経済学』（東洋経済新報社，2008年）。
ホームページ http://matsuo-tadasu.ptu.jp/

商人道《しょうにんどう》ノ《の》ス《す》ヽ《す》メ《め》

2009年6月30日 初版第1刷発行 ©

著 者 松 尾 匡
発行者 藤 原 良 雄
発行所 株式会社 藤 原 書 店
〒162-0041 東京都新宿区早稲田鶴巻町523
電 話 03（5272）0301
FAX 03（5272）0450
振 替 00160 - 4 - 17013
info@fujiwara-shoten.co.jp
印刷・製本 中央精版印刷

Printed in Japan
ISBN978-4-89434-693-2

市民活動家の必読書

NGOとは何か
〔現場からの声〕

伊勢崎賢治

アフリカの開発援助現場から届いた市民活動（NGO、NPO）への初のラディカルな問題提起。「善意」を「本物の成果」にするために何を変えなければならないかを、国際NGOの海外事務所長が経験に基づき具体的に示した、関係者必読の開発援助改造論。

四六並製　三〇四頁　**二八〇〇円**
（一九九七年一〇月刊）
◇978-4-89434-079-4

一日本人の貴重な体験記録

東チモール県知事日記

伊勢崎賢治

練達の〝NGO魂〟国連職員が、デジカメ片手に奔走した、波瀾万丈「県知事」業務の写真日記。植民地支配、民族内乱、国家と軍、主権国家への国際社会の介入……。難問山積の最も危険な県の「知事」が体験したものは？

写真多数

四六並製　三二八頁　**二八〇〇円**
（二〇〇一年一〇月刊）
◇978-4-89434-252-1

国家を超えたいきかたのすすめ

NGO主義でいこう
〔インド・フィリピン・インドネシアで開発を考える〕

小野行雄

NGO活動の中でつきあたる「誰のための開発援助か」という難問。あくまで一人ひとりのNGO実践者という立場に立ち、具体的な体験のなかで深く柔らかく考える、ありそうでなかった「NGO実践入門」。

写真多数

四六並製　二六四頁　**二二〇〇円**
（二〇〇二年六月刊）
◇978-4-89434-291-0

国家を超える原理とは

介入？
〔人間の権利と国家の論理〕

E・ウィーゼル＋川田順造編
廣瀬浩司・林修訳

ノーベル平和賞受賞のエリ・ウィーゼルの発議で発足した「世界文化アカデミー」に全世界の知識人が結集。飢餓、難民、宗教、民族対立など、相次ぐ危機を前に、国家主権とそれを越える普遍的原理としての「人権」を問う。

四六上製　三〇四頁　**三二〇〇円**
（一九九七年六月刊）
◇978-4-89434-071-8

INTERVENIR? —— DROITS DE LA PERSONNE ET RAISONS D'ÉTAT
ACADÉMIE UNIVERSELLE DES CULTURES

新たな史的システムの創造

新版
アフター・リベラリズム
〈近代世界システムを支えたイデオロギーの終焉〉

I・ウォーラーステイン　松岡利道訳

ソ連解体はリベラリズムの勝利ではない。その崩壊の始まりなのだ――仏革命以来のリベラリズムの歴史を緻密に跡づけ、その崩壊と新時代への展望を大胆に提示。新たな史的システムの創造に向け全世界を鼓舞する野心作。

四六上製　四四八頁　**四八〇〇円**
（一九九七年一〇月／二〇〇〇年五月刊）
◇978-4-89434-177-7

AFTER LIBERALISM　Immanuel WALLERSTEIN

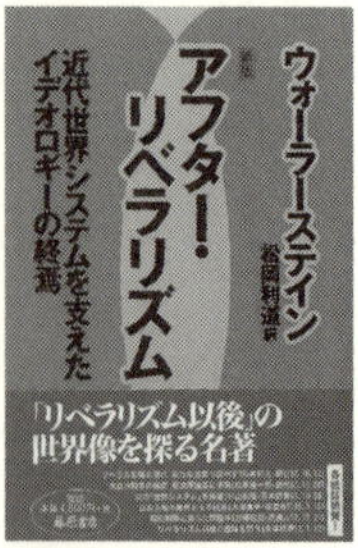

世界システム論で見る戦後世界

転移する時代
〈世界システムの軌道 1945-2025〉

T・K・ホプキンズ、I・ウォーラーステイン編　丸山勝訳

近代世界システムの基本六領域（国家間システム、生産、労働力、福祉、ナショナリズム、知の構造）において、一九六七／七三年という折り返し点の前後に生じた変動を分析、システム自体の終焉と来るべきシステムへの「転移」を鮮明に浮上させる画期作。

A5上製　三八四頁　**四八〇〇円**
（一九九九年六月刊）
◇978-4-89434-140-1

THE AGE OF TRANSITION　Terence K. HOPKINS, Immanuel WALLERSTEIN et al.

二十一世紀の知の樹立宣言

ユートピスティクス
〈21世紀の歴史的選択〉

I・ウォーラーステイン
松岡利道訳

近代世界システムが終焉を迎えつつある今、地球環境、エスニシティ、ジェンダーなど近代資本主義の構造的諸問題の探究を足がかりに、単なる理想論を徹底批判し、来るべき社会像の具体化へ向けた知のあり方としてウォーラーステインが提示した野心作。

B6上製　一六八頁　**一八〇〇円**
（一九九九年一一月刊）
◇978-4-89434-153-1

UTOPISTICS　Immanuel WALLERSTEIN

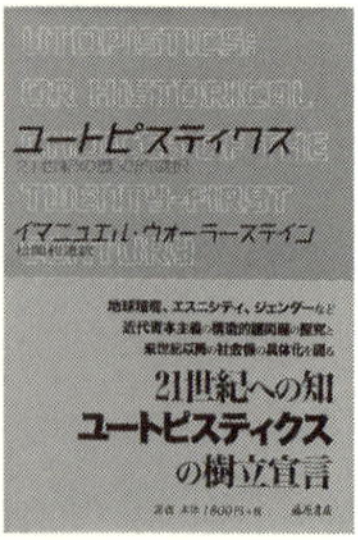

提唱者自身による平明な解説書

入門・世界システム分析

I・ウォーラーステイン
山下範久訳

自然科学／人文科学、保守／リベラル／急進主義など、我々が前提する認識枠組みをその成立から問い直し、新たな知を開拓してきた「世界システム論」。その誕生から、分析ツール、そして可能性を、初めて総体として描く。**〈用語解説〉**と**〈ブックガイド〉**を収録。

四六上製　二六四頁　**二五〇〇円**
（二〇〇六年一〇月刊）
◇978-4-89434-538-6

WORLD-SYSTEMS ANALYSIS　Immanuel WALLERSTEIN

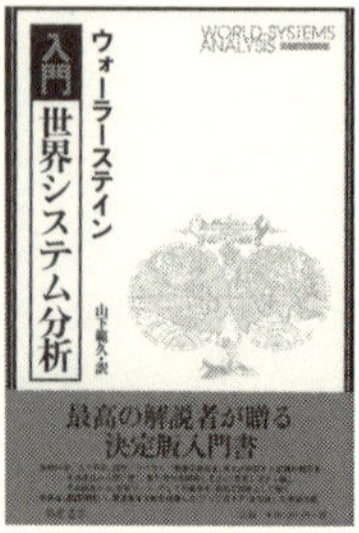